## Das Buch

*2014 ist es zehn Jahre her, dass sehr viele Menschen in Bernau auf dem Friedhof zusammenkamen, um Abschied von Johanna Olbrich zu nehmen. Etliche, die damals erschienen waren, sind inzwischen auch nicht mehr. Das ist der Lauf der Dinge.*
*Als Sonja Lüneburg war die Lehrerin Olbrich in den 60er Jahren in den Westen geschickt worden. Sie machte Karriere in der FDP und wurde Persönliche Mitarbeiterin des Bundeswirtschaftsministers. 1985 wurde sie aus Bonn zurückgezogen.*
*Johanna Olbrich alias Sonja Lüneburg war eine der erfolgreichsten Mitarbeiterinnen der DDR-Aufklärung. Dennoch weiß man kaum etwas über sie. Mit der vorliegenden Publikation wird das nun endlich nachgeholt.*

## Der Herausgeber

*Günter Ebert, Jahrgang 1937, ist diplomierter Kriminalist und die meiste Zeit seines Berufslebens im Sektor Wissenschaft und Technik der Hauptverwaltung Aufklärung tätig gewesen.*
*An den Publikationen »Angriff und Abwehr« (2007) und »Die Industriespionage der DDR« (2008), beide edition ost, war er als Mitautor beteiligt.*

D1727457

Günter Ebert (Hrsg.)

# Die Topagentin

Johanna Olbrich alias Sonja Lüneburg

**edition ost**

# Inhalt

*Im Elm, einem waldreichen Höhenzug
südöstlich von Braunschweig, herrscht tiefer Friede.
Hier darf die Bundeswehr nicht üben [...]
– zehn Kilometer weiter beginnt die DDR.
Mitten im Naturschutzgebiet stoppt ein herrisches
Schild den braven Wanderer: »Restricted Area Warning«
[...]. Die Drohung hat keine Unterschrift. Sie warnt
vor einem Schattenreich, dessen Konturen 2.000 Meter
weiter am Waldrand sichtbar werden: Antennen und
Kuppeln über einem futuristischen Gebäude aus Beton,
drohend und kalt. Stacheldraht und Eisenzäune schützen das Haus ohne Namen. Hoch über Schöningen am
Elm hat der Große Bruder ein Ohr installiert.
Die abgeschirmten Anlagen sind Knotenpunkte eines
unsichtbaren Netzes, das die Bundesrepublik und den
gesamten Erdball umspannt.
Amerikas geheimster Geheimdienst, die National Secu-
rity Agency (NSA), lauscht weltweit und rund um die
Uhr, ganz besonders in der Bundesrepublik. [...]
Niemals zuvor in der Geschichte der Menschheit hat
irgendeine Macht der Erde Vergleichbares zustande
gebracht – Lauschangriffe rund um die Erde. [...]
Wie in der Bundesrepublik, wo die eingeschränkte Sou-
veränität der Deutschen freie Betätigung garantiert,
unterliegt das Nachrichtenimperium
nirgendwo einer Kontrolle.*

*Der Spiegel,* 20. Februar 1989

# Vorwort

Von Honoré de Balzac stammt die Erkenntnis, dass jeder Mensch »eigentlich zweimal lebt, das erste Mal sein reales Leben und das zweite Mal in den Spuren, die er hinterlässt«.

Johanna Olbrich war eine beeindruckende Persönlichkeit, die sehr tiefe Spuren hinterlassen hat. Sie gehört in die Reihe der nicht wenigen Frauen, die sich ganz der Arbeit als Kundschafterin an der unsichtbaren Front des Kalten Krieges hingaben. Über einen sehr langen Zeitraum informierte sie aus einer Spitzenposition im politischen System der BRD – der Zentrale der FDP als der zweiten Regierungspartei – über politische Pläne, Konzepte und Programme, aber auch über Widersprüche und Differenzen in dieser Partei. Sie leistete damit einen nicht zu unterschätzenden Beitrag für die zweckmäßige Gestaltung der Politik der DDR-Führung gegenüber der BRD und damit für die weitere Entspannung in Europa.

Dieser Arbeit hatte sie ihr gesamtes Leben untergeordnet. Selbst Bundesanwaltschaft und Gericht mussten anerkennen, dass sie ihre besten Jahre dieser Arbeit geopfert hatte. Nach dem Untergang der DDR erklärte sie wiederholt, dass trotz dieses Ausgangs dieser Teil ihres Lebens keine verlorenen Jahre waren. Später werde man sich der DDR und ihrer Leistungen noch erinnern und diese zu würdigen wissen.

Eine solche Arbeit ist nicht möglich ohne eine tief wurzelnde politische Grundhaltung zu den Problemen, die in dieser an Spannungen und Gefahren reichen Zeit von der Gesellschaft zu lösen waren. Ihr politisches Bewusstsein hat sich Johanna Olbrich nicht angelesen, sie hat es sich auch nicht oktroyieren lassen. Ihre Haltung zu den politischen Vorgängen ihrer Zeit wurde durch eigenes Erleben in den letzten Tagen eines verbrecherischen Krieges geprägt. Maxim Gorki nannte seine Lebensgeschichte »Meine Universitäten«. So hat auch sie aus dem Studium an »ihren Universitäten« entscheidende Schlussfolgerungen für ihre Lebenshaltung gezogen. Sie wollte helfen, dass nie wieder Krieg und Zerstörung über die Menschen kämen.

Diesem Grundsatz folgte sie von früher Jugend an – ob als junge Lehrerin, Schulleiterin, wissenschaftliche Mitarbeiterin im Ministerium für Volksbildung der DDR oder eben als erfolgreiche Kundschafterin über einen Zeitraum von mehr als zwanzig Jahren. Dass sie aufgrund ihres wunderbaren, sehr sympathischen Charakters auch in ihrem Kundschafterleben zu vielen Menschen dauerhafte freundschaftliche Beziehungen knüpfen konnte, die auch nach ihrer Enttarnung als Mitarbeiter der DDR-Aufklärung weiteren Bestand hatten, zeigt die Größe ihrer Persönlichkeit.

Ihre Haltung bewahrte sie sich auch nach ihrer Rückkehr in die DDR und besonders in der ab 1991 einsetzenden Strafverfolgung durch die BRD-Staatsorgane.

Die juristische Auseinandersetzung endete erst 1999, als das Oberlandesgericht Düsseldorf beschloss, dass die drei Jahre zuvor verhängte Freiheitsstrafe »nach Ablauf der Bewährungszeit« erlassen werde. In zwei Verfahren – aufgrund einer von ihr und ihren Anwälten erstrittenen Revisionsentscheidung des Bundesverfassungsgerichts wurde gegen Johanna Olbrich in Düsseldorf zweimal geurteilt – war de facto nachgewiesen worden, dass der Bundesrepublik Deutschland kein feststellbarer Schaden entstanden, der Vorwurf des Landesverrats mithin absurd war. »Tut nichts! der Jude wird verbrannt«, hieß es bei Lessing im »Nathan der Weise«, und so verhielt es sich auch hier. In politisch motivierten Verfahren wurde der rechtsstaatliche Grundsatz außer Kraft gesetzt, dass jemandem eine messbare individuelle Schuld nachgewiesen werden muss, und entsprechend der Schwere wird dann geurteilt – nach Recht und Gesetz.

Die *Süddeutsche Zeitung* sprach im Fall Olbrich von einem »fundamentalistisch anmutenden Zusammenwirken von Bundesanwaltschaft, Bundesgerichtshof und Oberlandesgericht Düsseldorf«. Erst das Bundesverfassungsgericht »stoppte die Strafjustiz zweimal durch einstweilige Anordnungen und erklärte später einen Teil der Verfassungsbeschwerde (*von Johanna Olbrich – d. Hrsg.*) für ›offensichtlich begründet‹. Dergleichen schafft Verdruss, kommt aber der Gerechtigkeit bedeutend näher als das schneidige Auftreten der Selbstgerechten.«

Richtig, man kam der Gerechtigkeit »näher«, aber stellte sie eben nicht her. Nicht im Falle von Johanna Olbrich, nicht in anderen vergleichbaren Fällen.

Dessen waren sich die Verfassungsrichter offenkundig bewusst, denn sie forderten »besondere Milderungsgründe« für die in den Westen entsandten Ostspione. Die Strafbarkeit der Spionage gründe »nicht auf ein allgemeines sozialethisches Unwerturteil – sonst müsste man auch die eigenen Spione bestrafen« (*Süddeutsche Zeitung*, 17. Januar 1996).

Es wurde jedoch unverändert mit zweierlei Maß gemessen. In einem Rechtsstaat aber gilt gleiches Recht für alle …

Johanna Olbrichs Anliegen bestand primär darin, nachfolgenden Generationen Erlebnisse und Erfahrungen zu vermitteln. Deshalb hat sie Dokumente, Notizen und Erlebnisberichte über ihr gesamtes Leben und insbesondere über ihre nachrichtendienstliche Arbeit und die spätere Strafverfolgung gesammelt.

Nachdem sie einen großen Teil ihrer autobiografischen Arbeiten abgeschlossen und dem Berliner Verlag edition ost übergeben hatte, verstarb sie völlig unerwartet am 18. Februar 2004. Deshalb musste die Fertigstellung des Manuskriptes ohne ihre Mitwirkung erfolgen.

Ich erhielt dabei Hilfe von zahlreichen Weggenossen und Freunden, die Unterlagen, Bilder und persönliche Erinnerungen zur Verfügung stellten, wofür ich allen recht herzlich danke.

Besonderer Dank geht an Andrea Wolf, die mit ihrem Ehemann Mischa eine herzliche Beziehung zu »unserer Hanna« pflegte, sowie an Frank Schumann, der sehr viele Gespräche mit Johanna Olbrich führte und dessen Aufzeichnungen den Grundstock für diese Publikation lieferten, sowie an die Genossen Anita und Wolfgang R., die Johanna Olbrich jahrelang in Bernau betreuten.

Bedanken möchten ich mich auch bei ihrer Freundin Helga aus Oranienburg, die sich an die gemeinsamen Erlebnisse mit Johanna erinnerte, bei Georg Neumann und »Ewald«, die mit ihr als verantwortliche Offiziere zusammenarbeiteten und sie nach ihrer

Rückkehr unterstützten, und bei vielen nicht namentlich Genannten, die sich sehr gern an Hanna erinnerten und mich bei den Recherchen unterstützten.

Der letzte große deutsche Dichter Peter Hacks sagte über unsere Zeit: »Wessen sollten wir uns rühmen, wenn nicht der DDR.« Und ich füge hinzu: in der sich solche beeindruckenden Persönlichkeiten wie Johanna Olbrich entwickeln konnten.

*Günter Ebert*
*Berlin, im Frühjahr 2013*

# Das erste Leben (1926-1963)

Ich stamme aus Niederschlesien. Die Gegend ist seit 1945 polnisch. Die Landschaft um Lauban, wo ich aufwuchs, gleicht jener, in der ich seit nunmehr fast zwei Jahrzehnten lebe. Im Barnim finden sich Wälder, Heide, viele Teiche und Seen in einer hügeligen Landschaft, wie ich sie in meiner früheren Heimat lieben lernte. Sandhänge und Moore, verwunschene Winkel und gespenstische Urwälder bildeten für uns Kinder einen riesigen Abenteuerspielplatz. Dazu gab es im Sommer köstliche Beeren und schmackhafte Pilze.

Die Zuneigung zur Natur weckte mein Großvater väterlicherseits. Er zog oft mit mir über die Felder und durch die Wälder und wusste unendlich viele Geschichten dabei zu erzählen. Diese Gabe hatte er auch an seinen Sohn, meinen Vater, vererbt, wenngleich sich beide sonst wenig ähnelten. Großvater war ein umtriebiger Mann mit ausgeprägtem Geschäftssinn, während sein Sohn eher preußisch-korrekt war: Er brachte es bis zum Reichsbahnobersekretär.

Auch Großvater hatte als Schwellenleger bei der Bahn begonnen. Er war das uneheliche Kind einer böhmischen Bauernmagd und besuchte nie eine Schule. Zeitlebens blieb er Analphabet. Dennoch brachte er es zu einigem Wohlstand. Mit seiner Frau führte er einen Lebensmittelladen, wo auch die Arbeiter aus den nahegelegenen Fabriken einkehrten, um zu essen und zu trinken. Die drei Häuser, zu denen es Opa Olbrich im Laufe der Jahre brachte, gingen in den 20er Jahren verloren. Nachkriegskrise und Inflation verschlangen den bescheidenen Wohlstand, nicht aber seinen Geschäftssinn. Als mein Vater der bedrückenden Enge der Dienstwohnung entfliehen und in Berteisdorf bei Lauban ein kleines Häuschen bauen wollte, lieh er sich bei seinem Vater Geld. Die Zinsen, die Großvater nahm, lagen über denen der Bank. Vater »rächte« sich, indem er Miete von ihm verlangte, als die Großeltern bei uns im Obergeschoss einzogen.

Gleichwohl war der Umgang miteinander freundlich und entspannt. Das Geld nahm nicht den zentralen Platz in den Familien- und sonstigen Beziehungen ein. Großvater starb 1944 im Alter von 72 Jahren nach einem Schlaganfall. Seine Frau war drei Jahre zuvor von uns gegangen. Das Ende war eine Erlösung, sie hatte das, was man heute Alzheimer nennt. Meine Erinnerung an sie ist erstaunlich blass.

Das gilt auch für die Großeltern mütterlicherseits. Sie lebten gleichfalls in Lauban. Der Vater meiner Mutter arbeitete als Meister im Reichsbahnausbesserungswerk. Ich kenne ihn nur von Bildern, da er im Jahr meiner Geburt starb. Seine Frau hatte den Drang zu Höherem. Als Mädchen war sie in Berlin »in Stellung« gewesen. Die in der Reichshauptstadt herrschenden Sitten und Gebräuche versuchte sie nach ihrer Rückkehr in der Familie einzuführen. Sie achtete sehr auf Etikette und kämpfte für die Naturheilkunde. Meine Eltern waren nach der Hochzeit 1923 mit in ihre recht große Wohnung gezogen, flüchteten aber gleichsam aus dieser, als sich das zweite Kind – nämlich ich – ankündigte. Die Großmutter hätte zwei Kinder unter ihrem Dach nicht ertragen.

Meine Eltern bezogen eine möblierte Wohnung in Lauban. Dann wurde Vater nach Kohlfurth versetzt. Sechs Jahre später kehrten wir jedoch nach Lauban zurück.

Die Deutsche Reichsbahn spielte im Leben unserer Familie eine zentrale Rolle. Lauban (und Kohlfurth) lagen an einer wichtigen Eisenbahnlinie. Dadurch fanden viele Menschen bei der Bahn und in deren Umfeld Arbeit. Auch Karl Ernst Fritz Olbrich, mein Vater. Er begann als Handwerker bei der Deutschen Reichsbahn, wurde dann Heizer auf der Lokomotive, später Hilfslok-, Lok- und Oberlokführer und schließlich Reichsbahnoberassistent. Dies schützte ihn davor, jemals Soldat zu werden. Er trug außer der Eisenbahneruniform keine andere.

Unsere Familie war eine typisch deutsche. Es ging ordentlich und harmonisch zu. Meine Mutter blieb als Beamtenfrau daheim und versorgte den Haushalt. Es gab Hausmusik – Vater spielte wunderbar Harmonium, allerdings nur Volkslieder. Fritz Olbrich rauchte nicht, er trank nicht. Einmal im Jahr kam auf Bestellung eine Kiste mit sechs Flaschen Wein ins Haus – die reichte für zwölf Monate. Es gab eine Zeitung und das Radio. Und wenn meine Schwester Gertraud oder ich Geburtstag hatten und Freundinnen zur Feier einluden, hieß es stets: »Nicht mehr als zehn.« Da war meine Mutter sehr konsequent und behielt alles im sparsamen Griff. Gleichwohl war sie sehr einfühlsam und ging, ohne zu verwöhnen, stets auf die Wünsche der beiden Töchter ein.

Auch Vater war nicht sehr autoritär. Als ihm einmal die Hand ausrutschte, weil ich mich mit meiner Schwester gestritten hatte, legte er sich anschließend aufs Sofa und war krank. Wir wurden mit Liebe und Güte erzogen. Die schärfste Strafe bestand darin, nicht mit uns zu sprechen. Als ich ihn einmal belogen hatte, sagte Vater: »So, ich werde jetzt drei Tage nicht mit dir reden!« Und so geschah es. Bei Tisch sagte er zur Mutter: »Teile bitte der Hanna mit, sie solle nicht so schlürfen.«

Der Grund für diese harte Maßnahme scheint heute reichlich albern. Ich war zwölf, und »der Führer« sollte nach der Besetzung der Tschechischen Republik im März 1939 durch Lauban kommen. Ich verschaffte mir und meinen Freundinnen Zugang zum Bahnsteig ohne Bahnsteigkarte, indem ich dem Beamten erklärte, dass ich meinen Vater besuchen wollte. So durften wir passieren. Allerdings war Vater gar nicht auf dem Bahnhof, was ich aber wusste. Er bekam von meiner Aktion Wind und sprach mich abends zu Hause deshalb an. Die Folge war die Gesprächsverweigerung und der Auftrag, einhundert Mal zu schreiben »Ich soll nicht lügen«.

Ich bin mir nicht sicher, ob meine Lüge der eigentliche Grund für die Maßregelung war. Vielleicht lag die Ursache tiefer. Denn in einer Hinsicht war unsere Familie nun doch wiederum nicht so typisch deutsch. Vater gehörte weder der NDSAP an noch sympathisierte er in irgendeiner Weise mit den Nazis. Ich kann mich nicht erinnern, dass bei uns daheim jemals eine Hitlerrede im Rundfunk zu hören gewesen war. Vater mochte den Naziführer und seine Parteigänger erkennbar nicht. Einmal sah ich sogar Tränen in den Augen meiner Mutter, als sie berichtete, dass sie »unseren Doktor« unter demütigenden Umständen die Straße habe reinigen sehen. »Unser Doktor« war Jude.

Insgesamt jedoch waren meine Eltern erstaunlich unpolitisch. Weder die Machtübernahme der Nazis 1933 noch die nachfolgenden gesellschaftlichen Veränderungen und Umbrüche hinterließen erkennbare Spuren. Nur einmal gab es eine deutliche Stellungnahme. Am 21. Juni 1941 kam ich von einem Sportfest nach Hause und kommentierte begeistert den Überfall auf die Sowjetunion. »Endlich geht es gegen die Russen!«

Die Antwort war eine Backpfeife. »Du dumme Gans. Das ist unser Untergang.«

Auch an der Schule schlug der Nationalsozialismus bemerkenswert geringe Wellen. Berlin und Breslau waren weit weg. Ich war 1933 in der Volksschule in Kohlfurth eingeschult worden, ab 1935 besuchte ich die Waisenhausschule in Lauban. Unter den dortigen Lehrern gab es keine Nazis. Es wurde auch nicht indoktriniert. Zumindest ist mir eine Einflussnahme oder gar Erziehung im Geist »der neuen Zeit« nicht erinnerlich.

Am liebsten hatte ich Deutsch und Geschichte. Der Unterricht machte mir Spaß, ich war neugierig und wissensdurstig. Die Noten waren entsprechend gut, Dreien kannte ich nicht. So war es nicht verwunderlich, dass mir in der 5. Klasse eine Freistelle an einem Lyzeum angeboten wurde. Doch der Vater beschied, dass ich das nicht machen sollte. Das können wir uns nicht leisten, hieß es.

Allerdings hatte sich der Wunsch, Lehrerin zu werden, längst meiner bemächtigt. Ich hatte eine imponierende Lehrerin. So wie sie wollte ich auch sein und das machen, was sie mit Hingabe tat: nämlich unterrichten. Von diesem Drang war auch meine Freundin

Gisela durchdrungen. Und sie fand tatsächlich eine Möglichkeit, wie man Lehrerin auch ohne Abitur werden könnte. In Züls bei Neustadt an der Glatzer Neiße würden in einem vierjährigen Lehrgang zu-

*Abgangszeugnis vom 29. März 1941*

gleich Abitur und eine Ausbildung als Unterstufenlehrerin angeboten, hatte sie in Erfahrung gebracht. Zuvor müsse man jedoch eine einwöchige Aufnahmeprüfung absolvieren.

Ich trug meinem Vater die Idee vor. Er meinte, das wäre meine Sache, wenn ich nach der 8. Klasse und mit 14 Jahren das elterliche Haus verlassen wolle. Er unterstütze das nicht, werde mir aber auch keine Steine in den Weg legen.

So machte ich mich allein auf den Behördenweg. Ich besorgte mir das für die Prüfungszulassung benötigte polizeiliche Führungszeugnis, die Zustimmung des Schulrates und die Bescheinigung der lokalen NSDAP. Den Parteisegen bekam ich ohne Probleme, denn ich war – sehr zum Unmut meiner Eltern – bei den Jungmädeln und dort seit der 7. Klasse Jungmädelschaftsführerin, d. h. für 30 Mädchen verantwortlich. Bereits in der 6. Klasse hatte man mich dazu bestellt, offenkundig hielt man mich für fähig, eine Mädchengruppe zusammenzuhalten.

Ich hatte nie Führungsambitionen. Doch ich weigerte mich auch nicht, wenn man mir ein Amt antrug. Das war eine Eigenschaft, die mich zeitlebens begleiten sollte. Ich hatte und habe ein tiefes Bedürfnis, mich um Menschen zu kümmern, mich verantwortlich zu fühlen. Das nahm meine Umgebung stets wahr. Und jene, die für Personal- und Kaderentscheidungen zuständig waren, haben dies genutzt.

So kamen immer wieder Funktionen und Ämter »über mich«, um die ich mich weder bemühte noch in die ich mich drängte. Allerdings vermochte ich es selten bis nie, eine Aufgabe abzulehnen. Das wäre gegen mein Verantwortungsgefühl gewesen.

Die Aufnahmeprüfung für die Lehrerausbildung fand irgendwo in der Niederlausitz statt. Etwa dreißig Bewerberinnen wurden auf verschiedenen Feldern getestet. Ich rechnete mir geringe Chancen aus, da ich beim Völkerball ein Mädchen so unglücklich getroffen hatte, dass sie fast bewusstlos wurde. Das, so wähnte ich, würde negativ zu Buche schlagen. Doch ich sollte mich täuschen. Ich wurde genommen. Meine Freundin Gisela Indetzkie jedoch nicht.

Im Juli 1941 meldete ich mich bei Lehrgangsbeginn auf Schloss Züls bei Neustadt an der Glatzer Neiße. Die angehenden Unterstufenlehrerinnen waren sehr verschiedener Herkunft und auch unterschiedlich verfasst. Ich lag in einem Schlafsaal mit 15 Betten und konnte oft nicht einschlafen, weil etliche der 14-Jährigen vor Heimweh vor sich hin wimmerten. Manches Mädchen verließ uns bald, weil der Trennungsschmerz zu groß war.

Gleichwohl bemühten sich die Ausbilder sehr um uns. Es handelte sich – auch später – ausschließlich um Frauen, die Lehrer hatte man längst in den Krieg geschickt. Die Ausbildung erfolgte sehr fachbezogen und kaum ideologisch, wir lernten ordentlich. Der Krieg fand allenfalls an der Peripherie statt. Bombenangriffe kannten wir nicht, es gab keine Aufmärsche oder Appelle.

Als der Lehrgang durch Abgänge schrumpfte, wurde er geteilt. Ich kam noch 1942 nach Nikolai unweit von Kattowitz, also weiter nach Osten. Dort gab es auch noch einen polnischen Geigenlehrer. Lauban lag nunmehr an die dreihundert Kilometer westlich. Die Schule war in einem ehemaligen Jesuitenkloster untergebracht, gleichwohl spielte die Religion keine Rolle. Ich selbst war evangelisch getauft und hatte auch die Konfirmation erhalten, doch die Kirche besuchte ich nur gelegentlich auf Bitte der Mutter und das nur zu Weihnachten.

Einer müsse ja zum Gottesdienst gehen, sagte sie.

Zur Schule gehörten ein großer Garten, Pferde und Kühe, es gab auch ein Schwimmbad. Die im Ort lebenden Menschen wurden von den Nazis in verschiedene Gruppen klassifiziert: 1. Reichsdeutsche – zu denen gehörten auch wir Schüler, 2. Volksdeutsche – das waren Deutsche, die außerhalb der Reichsgrenze lebten, 3. Deutsche, die mit Polen verheiratet waren, und 4. Polen.

In dieser absteigenden Rangfolge wurden den Menschen jeweils Rechte, Arbeit und Verpflegungssätze zugeteilt. Uns wurde untersagt, mit Polen Kontakt aufzunehmen, was aber ohnehin unmöglich war, da wir kein Polnisch sprachen und sie kein Deutsch. Sie wurden nur als Arbeitskräfte benutzt.

Als sich 1944 die Ostfront Richtung Westen bewegte, wurden wir an einem Wochenende an die Weichsel gefahren, um dort »am Damm« zu arbeiten. Es waren auch etliche ältere Männer dort, Grubenarbeiter aus Schlesien. Die Dammarbeiten erwiesen sich als Legende – wir sollten Panzersperren anlegen. Die Männer griffen sich an die Stirn und erklärten, das sei »für die Katz«. Damit wollten sie sagen, dass sie an einen Sieg der »deutschen Waffen« nicht glaubten.

Die Ausbildung schien sich auch erledigt zu haben. Wir wurden bereits zum Unterrichten geschickt. Ich wurde in ein Dorf bei Krakau abkommandiert. Dort hatte man sogenannte »Volksdeutsche« angesiedelt, die man unlängst »heim ins Reich« geholt hatte. Die vormaligen polnischen Hauseigentümer mussten nunmehr als Knechte auf den ursprünglich ihnen gehörenden Höfen für die »Heimgeholten« arbeiten. Ich hatte nicht den Eindruck, als wären diese über ihren neuen Stand sonderlich erfreut.

Die Schule im Ort war leer. Vom Bürgermeister wurden meine Mitstudentinnen und ich dort einquartiert. Am nächsten Tag sollten wir zu den einzelnen Schulen in der Umgebung gehen. Nach dieser ersten Nacht haben wir alle fluchtartig das Quartier verlassen. Myriaden von Flöhen hatten dort von allem Besitz ergriffen. Eine meiner Mitschülerinnen, die mir noch heute eine gute Freundin ist, zählte an einem Bein über 100 Bisse! Wir verlegten unsere Unterkunft sehr schnell in die uns zugewiesenen Schulen. Ich wurde zum Unterrichten in die Schule eines in der Nähe liegenden Dorfes geschickt. Dorthin fuhr ich mit einem Fahrrad.

Am zweiten Tag kam der Bürgermeister zu mir und meinte, was ich mache, sei unverantwortlich – in der Umgebung des Dorfes gäbe es doch Partisanen. Daraufhin befragte ich unsere Direktorin. Es stellte sich heraus, dass ihre Vorgesetzten davon wussten, sie aber nicht informiert hatten.

Mein Einsatz wurde sofort abgebrochen und ich nach Nikolai zurückbeordert. Ich benutzte für die Rückfahrt Bahn und Bus und kam dabei auch an Auschwitz vorüber. Mir wie auch den anderen war seit längerem bekannt, dass sich dort ein großes Lager befand, allerdings hatten wir nicht geahnt, dass es ein derart riesiges Ausmaß besaß. Landläufig hieß es, dort seien ausschließlich »Verbrecher« interniert. Es wurde allerdings nie nachgefragt, um welche Art von Kriminellen es sich handelte. Man nahm es zur Kenntnis und gut. Mir erzählte einmal eine Oberschlesierin, ihr Vater, ein Bergmann, habe von zwei seiner Kumpel berichtet, die man wegen Krakeelens nach Auschwitz geschickt habe. Als sie zurückkamen, hätten sie sich in Schweigen gehüllt. Kein Wort wäre über ihre Lippen gekommen.

Zum Jahreswechsel 1944/45 durften wir nach Hause. Allerdings mussten wir nach den Weihnachtsferien trotz heranrückender Front wieder in der Schule antreten. Wir begannen unsere Prüfungen im Luftschutzkeller. Das Grummeln der Front rückte näher und näher. Einige Eltern holten ihre Kinder nach Hause, und auch die Schulleitung fragte besorgt bei der zuständigen Stelle an, ob man die Einrichtung nicht besser evakuieren solle. Doch stets wurde angewiesen: Bleiben!

Ende Januar fuhr unsere Direktorin selbst zu ihren Vorgesetzten, um unsere Evakuierung durchzusetzen. Sie fand die Verantwortlichen und ihre Familien in gut gefüllten Wagen abfahrbereit. Sie kehrte entrüstet zurück, versammelte die gesamte Schulbelegschaft in der Turnhalle und gab die Parole aus: Rette sich, wer kann!

Die meisten Lehrer fuhren mit Pferd und Wagen davon und überließen uns Eleven ihrem Schicksal. Am Ende blieben noch etwa zwanzig Mädchen und zwei Lehrer zurück.

Wir stellten uns an die Hauptstraße und hofften, von einem der vorbeifahrenden Militärlaster mitgenommen zu werden. Allerdings passierte zunächst eine ziemlich lange Marschkolonne den Ort. In gestreiftem Drillich und Lumpen schleppten sich Hunderte, wenn nicht gar Tausende ausgemergelte Gestalten durch den

Schneematsch. Ihre Füße steckten zumeist in Holzpantinen. Die machten auf dem Pflaster Geräusche, die ins Mark gingen. Das Schlurfen erzeugte Gänsehaut bei denen, die am Straßenrand standen.

Nicht die Wachsoldaten, nicht deren scharfe Kommandos trafen ins Herz, sondern dieses unablässige Schlurfen. Es klang, als ginge der Sensenmann, der große Schnitter, mähend übers Feld. Ratsch, ratsch, ratsch. Und jedes Mal sank eine Reihe Todgeweihter zu Boden. Ratsch, ratsch, ratsch …

Irgendwann, der Häftlingszug war schon längst durchmarschiert, stoppte ein Wehrmachttransporter und nahm uns auf. Nikolai verschwand im Winterdunst. Unsere Blicke folgten dem Straßensaum. Im kalten Fahrtwind knatterte die Plane. Wortlos schauten wir auf das, was auf der Flucht gen Westen links und rechts der Straße zurückgeblieben war. Ballast, dessen man sich entledigt hatte. Mobiliar, Wäsche, Koffer, Taschen, Teppiche, Geschirr. Und: Tote im gestreiften Drillich. Ich sah einige Kinder, die, scheinbar ungerührt, auf die Leichen starrten. Sie blickten auf die toten Häftlinge, die im Straßengraben lagen wie Unrat. Seltsam entrückt schauten sie in die leichenstarren Antlitze. Doch ich war verunsichert, weil auch ich von ihrem Anblick nicht sonderlich entsetzt schien. Die apathisch blickenden, teilnahmslosen Kinder schreckten mich weitaus mehr.

Nach einigen Stunden Durchrütteln erreichten wir einen Bahnhof. Mit kältestarren Gliedern ließen wir uns vom Lkw zu Boden gleiten. Wir wankten in das überfüllte Gebäude und hockten uns in die letzte freie Ecke. Ab und an kam Bewegung in die wartende Menge, wenn das Gerücht über das Herannahen eines

Zuges durch die Halle zog. Doch meist erwies sich die Ankündigung als unbegründet.

Schließlich rollte doch ein Zug heran und hielt. Er war bereits überfüllt, doch das hielt die Wartenden nicht ab, sich in die besetzten Waggons zu zwängen.

Nach einer Woche erreichte ich endlich Lauban, nachdem ich nahezu alle meine Kameradinnen daheim abgeliefert hatte – so, wie sich das für eine Schaftführerin gehörte. Daheim herrschte eine gewisse Aufregung. Meine schwangere Schwester Gertraud, die im Vorjahr nach Berlin geheiratet hatte, war mit ihrem Mann Theodor Böhme ebenfalls nach Lauban gekommen. Jetzt aber wollten sie und wir weiter. Mein kranker Vater – er sollte schon bald an Krebs sterben – vermochte es irgendwie, einen Zug in Görlitz zu akquirieren, der uns und andere Laubaner fortbringen

*Goebbels in Lauban, März 1945. Der Reichspropagandaminister zeichnet den 16-jährigen Hitlerjungen Wilhelm Hübner mit dem EK II aus. In der DDR war Hübner Volkspolizist, dann »flüchtete« er nach Bayern*

sollte. Indetzkies hatten Verwandte im Vogtland, zu denen wir gemeinsam wollten.

Da unser Zug nirgends gemeldet war, erwies sich die Fahrt als Odyssee. Wenn ein Teilstück frei war, gab es das Signal zur Weiterfahrt. So ging es denn nicht nach Westen, sondern nach Süden. Vor Prag aber ging gar nichts mehr. Inzwischen hatte man auch alle Männer bis 80 heraus- und zum Volkssturm geholt.

Schließlich ruckelte der Zug durch Mähren nach Bayern hinüber. Hin und wieder donnerten im Tiefflug schießende Jagdflieger über uns hinweg. Wenn wir es schafften, sprangen wir heraus und duckten uns in die Böschung. Doch meist blieben wir teilnahmslos auf den Bänken hocken und warteten, bis die Maschinen beidrehten und sich der Zug wieder in Bewegung setzte.

Nach einer Woche etwa erreichten wir unser Ziel. Indetzkies' Verwandte hatten schon viele Menschen aus dem Osten aufgenommen, ihr Haus fasste keine weiteren Flüchtlinge mehr. Meine und Giselas Familie wurden auf verschiedene Quartiere aufgeteilt.

Der Februar 1945 neigte sich dem Ende zu. Die Stimmung war eine merkwürdige Mischung aus Gelassenheit, Schicksalsergebenheit, Neugier und Distanz zum Geschehen. Irgendwo da draußen zerbrach die Welt. Aber hier herrschte eigenartige Ruhe wie im Auge eines Taifuns.

Die Rote Armee besetzte Lauban, wurde aber von der Wehrmacht wieder herausgedrängt. Goebbels, der Reichspropagandaminister, nahm dies zum Anlass, dort eine Durchhalterede herauszuschreien. Sie sollte zum »Fanal« für den Endkampf werden. Mutter hingegen nahm die Anwesenheit der deutschen Truppen zum Anlass, um im März in unser Häuschen zurückzukehren und noch einige Sachen zu holen. Das gelang tatsächlich.

Im Sommer unternahm sie einen zweiten Anlauf. Der Krieg war zu Ende und die Annahme weit verbreitet, man könne an die angestammten Plätze zurückkehren. Zwar hatte es geheißen, dass sich die Siegermächte in Potsdam auf eine Nachkriegsregelung verständigt hätten. Deutschland war nicht nur in Besatzungszonen geteilt, sondern sollte auch im Osten Land an Polen und die Sowjetunion abgeben. Auch Teile Schlesiens stünden zur Disposition. Die künftige Grenze solle an der Neiße verlaufen, hieß es. Doch deren gab es zwei – die Glatzer Neiße im Osten und die Görlitzer Neiße.

Mutter war sich ganz sicher: Es könne sich nur um die Glatzer Neiße handeln, mithin blieben Lauban und unser Häuschen deutsch. So machte sie sich denn allein auf den Weg. Vater war Ende Juli in Plauen im Hospital verstorben, ich blieb zurück, um unsere wenigen Habseligkeiten zu bewachen. Zudem hatte ich Kontakt zu Gerda in Chemnitz bekommen, mit der ich die Lehrerinnenschule in Nikolai besuchte. Sie hatte in Erfahrung gebracht, dass unsere Schule in Thüringen ihre Tätigkeit wieder aufnehmen wolle.

Aus der Nähe betrachtet erwies sich das Vorhaben als wenig seriös. Wir reisten wieder ab. Jedoch hatte Gerda auch Nachricht, dass im September in Löbau in der Lausitz ein Gymnasium für Leute wie uns öffnen würde, die dort das Abitur machen könnten. Daher blieb ich diesseits der Görlitzer Neiße, während sich der Rest der Familie nach Lauban durchschlug, um Quartier zu machen.

In unserem Häuschen hatten sich inzwischen Polen niedergelassen, die man innerhalb des Landes umgesiedelt hatte. Sie waren fremd in der Gegend und dem Hause und rückten zusammen, als die früheren Eigentümer kamen. Gleichwohl war das Verhältnis gespannt, denn seit dem 1. September 1939 waren Deutsche in Polen nicht sonderlich beliebt. Doch es gab keine Rangeleien oder gar Übergriffe. Der dicke, schwangere Leib meiner Schwester schützte alle drei, und als im September Reinhard geboren war, schützte der Säugling die ganze Familie.

Und Schutz war nötig. In Potsdam hatten die Siegermächte auf ihrer Konferenz die Nachkriegsordnung in Deutschland beschlossen. Auf die Frage an Stalin, an welcher Neiße er die künftige deutsche Ostgrenze sähe, hatte dieser mit seinem Bleistiftstummel die Oder verlängert – und das war die Görlitzer Neiße. Mithin befanden sich meine Verwandten seit August 1945 in Polen. Und wie die Deutschen in der Tschechoslowakei sollten auch sie so schnell wie möglich das Land verlassen. Dort, wo es nicht rasch genug ging, wurde nachgeholfen.

Die Klage darüber ist bis heute nicht verstummt. Auch ich bestreite nicht, dass vielen meiner deutschen Landsleute seinerzeit Unrecht widerfuhr. Allerdings sollte man bei der Betrachtung nicht unberücksichtigt lassen, dass zuvor Deutsche sich an Polen, Tschechen, Russen und anderen vergingen. Hier wurde nur das alte biblische Prinzip »Aug' um Auge, Zahn um Zahn« praktiziert.

Auch meine Mutter, meine Schwester und deren Kind sowie der Schwager wurden aufgefordert, den Ort und das Land Richtung Westen zu verlassen.

Doch sie tauchten unter. Wenn sich Kontrollen ankündigten, verschwanden sie einfach eine Weile im Wald, und die den Polen nachgesagte Unordnung tat ein Übriges. Sie waren im Wald nicht allein, andere deutsche Familien aus Lauban machten es ebenso, deshalb gab es dort bald eine kleine deutsche Kolonie.

Im September traf ich mich mit meiner Mutter in Görlitz und übergab ihr Wäsche und andere Habseligkeiten. Um den Leib wickelte sie sich irgendwelche Stoffe. So passierte sie illegal die grüne Grenze.

Allmählich begann sich das Leben zu normalisieren. Meine Verwandten wurden irgendwann eingebürgert, behielten aber ihre deutsche Staatsbürgerschaft. Ich entsinne mich, dass sie später regelmäßig nach Wroclaw, vormals Breslau, fuhren, um sich im dortigen DDR-Konsulat die Dokumente verlängern zu lassen. Theodor Böhme, mein Schwager, der ursprünglich Werkzeugmacher war, wurde Orgelbauer und schaffte es bis zum Meister. Er erarbeitete sich einen guten Ruf, und im katholischen Polen herrschte kein Mangel an Kirchen, die Orgeln brauchten.

Allerdings gab es einen Mangel an bestimmten notwendigen Materialien, hauptsächlich fehlten Schrauben und andere Normteile aus Metall. Die kaufte die Verwandtschaft in der DDR und brachte sie nach Polen, und so lief sein Orgelbau- und Reparaturgeschäft gut und trug den Böhmes einen bescheidenen Wohlstand ein, weshalb sie nie ernsthaft den Gedanken erwogen, Polen zu verlassen. Die beiden Kinder – 1945 und 1962 geboren – heirateten polnische Partner. Nur Weihnachten flüchtete meine Mutter in die DDR, denn sie sprach nur mäßig Polnisch, und wenn an der Laubaner Festtafel – befeuert vom Alkohol und der lebendigen Erinnerung – die Sätze zu einem einzigen Zschschsch zusammenrutschten, verstand sie gar nichts mehr.

1950 schlossen die DDR und Polen in Görlitz einen Vertrag über die Oder-Neiße-Grenze. Damit war die Grenzziehung der Siegermächte völkerrecht-

Der Ermittlungsrichter
des Bundesgerichtshofes

Ausfertigung

7500 Karlsruhe 1, den    12. Sept. 1991
Herrenstraße 45 a
Postfach 1661
Fernsprecher (0721) 159-0
Durchwahl 159-_____

6 BJs 62/85-2
2 BGs 304/91

B e s c h l u ß

In dem Ermittlungsverfahren

gegen

Johanna  O L B R I C H , geboren am 26.10.1926 in Lauban/Polen,
wohnhaft in Bernau b. Berlin, Breitestraße 6,

wegen

Verdachts geheimdienstlicher Agententätigkeit

wird der Beschuldigten gestattet, an der Beerdigung
ihres verstorbenen Schwagers in Polen am

14. November 1991

teilzunehmen. Für diesen Zweck werden ihr die Personalpapiere ausgehändigt.

Detter
Richter am Bundesgerichtshof

Ausgefertigt
Hofmann
Justizangestellte
als Urkundsbeamtin der Geschäftsstelle
des Bundesgerichtshofs

*1991 verstarb Schwager Theodor Böhme. Johanna Olbrich, lediglich auf Kaution auf freiem Fuß, musste beim Bundesgerichtshof Genehmigung einholen, dass sie zur Beisetzung nach Polen durfte*

lich besiegelt. Erstmals in seiner Geschichte musste sich Polen nicht mehr vor seinem westlichen Nachbarn fürchten. Das erklärt auch, weshalb Warschau nach dem Ende der DDR 1990 darauf bestand, dass auch Bonn diese Linie unwiderruflich als deutsche Ostgrenze akzeptierte.

Für meine Familie war der Görlitzer Vertrag ebenfalls von Bedeutung. Wir durften uns nun gegenseitig besuchen. Ich gehörte zu den Ersten, die hinüber durften. Das war ein wenig beschwerlich. In Görlitz gab es den Pass. In Berlin musste ich mir ein Visum besorgen. Es gab kein polnisches Geld, wohl aber die Vorschrift, welche Route ich zu nehmen hatte. Nämlich via Frankfurt/Oder nach Hirschberg, das jetzt Jelona Gora hieß. Wie ich von dort weiter nach Luban gelangen würde, fragte niemand. Die Entfernung von Görlitz nach Lauban/Luban beträgt übrigens nur etwa zwanzig Kilometer …

Ein hilfsbereiter Pole kreditierte mich schließlich. Er schaute ungläubig, als ich meinte, ich würde ihm das Fahrgeld schicken (was ich im Übrigen mit Hilfe meines Schwagers auch tat). »Tante Hannchen«, wie ich seither in meiner »polnischen« Familie hieß, war dort immer willkommen, wie es auch meine Verwandten später in Bernau waren.

Gleichwohl könnte ich mir ein gemeinsames Leben mit Schwester Gertraud nicht vorstellen. Wir sind mental zu verschieden, woran die beiden Gesellschaften, in denen wir lebten und leben, nicht schuldlos sind. Sie hat die mir keineswegs unsympathische slawische Gelassenheit angenommen, während ich nicht frei bin von dieser westeuropäischen Betriebsamkeit. Bei Verpflichtungen und deren Verwirklichung bin ich

Preuße, sie Pole. Ich könnte nie stundenlang auf dem Balkon sitzen, den Meisen zuschauen und die dahinsegelnden Wolken beobachten. Sie schon.

In diesem Kontext kommt bestimmt die Frage auf, ob nicht auch ihr Familiensinn ausgeprägter sei als der meinige. Schließlich hat sie sich – im Unterschied zu mir – ein Nest gebaut, geheiratet und Kinder großgezogen. Das hätte ich auch gern getan. Es gab etliche Männer in meinem Leben, doch nie war der Prinz darunter, von dem junge Frauen oft träumen. In der Nachkriegszeit waren nicht nur Prinzen knapp, sondern auch Männer. Sie lagen in den Massengräbern und nicht in den Ehebetten.

Mein erster Mann, ein Kollege an jener ersten Dorfschule, an der ich – worauf ich gleich noch zu sprechen kommen werde – geraume Zeit arbeitete, war ein wenig berechnender als ich. Ich hätte mir vorstellen können, mit ihm Kinder zu haben. Er nicht. Er scheute wohl die gemeinsamen Mühen, uns aus dem Elend zu befreien, und zog es vor, eine wohlhabende Städterin zu ehelichen und sich quasi ins gemachte Nest zu setzen. Sie war zwar schon lange verblüht, was für ihn aber offenkundig kein Hinderungsgrund war.

Ich gebe zu, dass mich Traurigkeit befiel, als er mich verließ. Doch das Herz brach mir nicht. Ich war zu selbstbewusst, um einer verlorenen Liebe hinterherzuheulen. Vielleicht war ich aber doch derart verletzt worden, dass ich später nie wieder tiefe Sehnsucht nach einem anderen Menschen verspürte.

Im September 1945 ging ich nach Löbau ans Gymnasium. Drei Mädchen und etwa zwei Dutzend halbwüchsige Männer bildeten eine sogenannte Lumpensammler-Klasse. Der Krieg hatte uns alle aus der Bahn geworfen. Nun sollten wir im Schnellverfahren das Abitur machen und zu Lehrern ausgebildet werden. Doch das Leben lief noch schneller, als es der Lehrplan vorsah. Bereits nach zwei Monaten schickte man uns als Neulehrer aufs Land.

Zuvor absolvierten wir eine Prüfung. Ich sollte die Frage beantworten, was Sozialismus sei. Keine Ahnung, das Wort hatte ich noch nie, allenfalls in Verbindung mit dem Begriff »Nationalsozialismus«, gehört. Ich bekannte mich zu meinem Unwissen und erklärte, ich könne einen Sozius beschreiben, was ich dann auch wortreich tat. Offenkundig beeindruckte das den Prüfer derart, dass ich bestand. Aber um ehrlich zu sein: Ich hätte vermutlich das Zeugnis selbst dann bekommen, wenn ich »Alle meine Entchen« gesungen hätte. Es herrschte überall Mangel, besonders Lehrer fehlten. Entweder waren diese im Krieg gefallen, in Gefangenschaft oder als Nazis nicht mehr tragbar. Unterricht aber musste stattfinden. Also machte man junge und unbelastete, aber wissbegierige Menschen wie uns zu Neulehrern. Und manche kamen sogar aus gänzlich artfremden Berufen.

Ich wurde in ein Dorf unweit Löbaus geschickt. Es bestand aus drei Ortsteilen. Die größte Ansammlung, wo sich die Schule und ein großes Gut befanden, zählte vielleicht zehn Häuser. Ich meldete mich beim amtierenden Bürgermeister. Der reagierte abweisend, als ich erklärte, ich sei die neue Lehrerin.

»Wir wissen von nischte.«

Gut und schön, nun sei ich also da und werde unterrichten. Ich brauche allerdings eine Wohnung oder ein Zimmer.

»Wohnung? Ich habe auch keene.«

Und was sei mit Essen? Ich müsse doch von etwas leben?

»Wir haben selber nischte.«

Schließlich schickte er mich zur Kindergärtnerin. Margrit hatte noch ein wenig Platz und nahm mich auf. Aus unserem Untermiet-Verhältnis wurde eine tiefe Freundschaft, die noch heute anhält.

Der Dorfschulze sollte schon bald aus dem Amt getrieben werden. Er war mit dem Bonus, KZ-Häftling gewesen zu sein, auf diesen Stuhl gesetzt worden. Er gab sich als von den Nazis verfolgter Kommunist aus und hatte damit das Vertrauen der Besatzungsmacht gewonnen. Wie sich zeigte, war er von den Faschisten zwar eingesperrt worden. Jedoch nicht wegen seiner angeblichen politischen Überzeugung, sondern weil er gestohlen hatte. Er war ein Krimineller.

Meine Schüler waren nur wenige Jahre jünger als ich. Oft lagen sie müde auf den Bänken, weil sie daheim helfen mussten. Es war so, wie es Erwin Strittmatter später in »Tinko« beschrieb. Die Bauernhöfe – es dominierten Klein- und Mittelbauern – waren nicht übermäßig groß, aber der Boden in dieser Gegend war fruchtbar. Es gab viel Arbeit, aber wenig Hände. Also wurden die Kinder eingespannt, die Schule empfanden sie als Belastung.

Und auch wir Lehrer – drei Männer, zwei Frauen – machten mitunter kleine Augen beim Unterricht. Wir lernten abends und oft auch in der Nacht die Lektionen, die wir anderntags unseren Schülern vermittelten. Einmal wurden wir zu einem Zwei-Wochen-Lehrgang in die Kreisstadt Löbau geholt, mehr Qualifikation »von oben« gab es nicht. Wir waren auf uns selbst gestellt und engagierten uns redlich, gute Lehrer zu werden.

Zu den wenigen Personen, die mir in lebhafter Erinnerung blieben, gehörte der Schulrat, ein alter Kommunist. Das war eine jener selbstlosen Persönlichkeiten, die sich zeitlebens für andere aufopferten. Hinter »der Sache« traten alle privaten Bedürfnisse und Belange zurück. Der Mann imponierte mir. Deshalb trat ich am 28. August 1946 in die SED ein.

Ich war nicht die Einzige. Wohl jeder zweite Lehrer schloss sich der im April '46 gegründeten Einheitspartei an. Es waren die Persönlichkeiten und das Programm, was diese Partei namentlich für junge Menschen wie mich in jener Zeit anziehend machte. Gemeinsam wollten wir eine neue, eine gerechte Gesellschaft gestalten, in der es weder Völkerhetze noch Rassenhass gab. Jeder sollte Arbeit und eine Wohnung und die Kinder eine sichere Zukunft haben. Natürlich waren die Vorstellungen recht diffus, wie das geschehen konnte, wie ein Staat verfasst sein musste, der dies alles garantieren würde. Doch hinter uns lagen Krieg und Faschismus, das hatten wir erlitten und wollten es darum nie wieder erleben. Das war Motiv genug. Jede Alternative war besser als Terror und Völkermord.

Für eine vernünftige Alternative setzten sich nicht nur die Genossen ein. Der neue Bürgermeister kam von der CDU. Und auch der Pfarrer war Bundesgenosse. Der Religionsunterricht war zwar formal aus dem Stundenplan getilgt. Doch nachmittags durfte der Pastor ungestört die Christenlehre in der Schule abhalten für jene Kinder, die es wünschten. Wir hatten damit keine Probleme.

Unsere Schule zählte acht Klassen, wovon immer zwei zu einer zusammengefasst wurden. Unter den Kindern waren nicht nur Einheimische, sondern auch Kriegsflüchtlinge aus dem Osten. Es war ein Gemisch aus Schlesiern und Lausitzern, auch einige Sorben waren darunter. Sie hatten so großen Nachholbedarf in der Erziehung und in der politischen Bildung wie die Erwachsenen. Hin und wieder machten wir für die Eltern entsprechende Angebote. Sie endeten oft wie die Parteiversammlungen, bei denen die Ex-KPDler und die Ex-SPDler die alten Schlachten von vorgestern schlugen. Nur bei einigen Dingen waren sich die Genossen immer einig: wenn es um bestimmte Glaubensgrundsätze und deren Einhaltung ging. So war es üblich, bei jeder Zusammenkunft ein Präsidium zu wählen. Und zum Ritual gehörte es, einen leeren Stuhl für Stalin hinzustellen, der stets ohne Gegenstimme in die Versammlungsleitung gewählt wurde.

Ich machte mich einmal über diesen Unsinn lustig. Der Genosse Stalin sei in Moskau und weit davon entfernt, in die Lausitz zu eilen, um an unserer Versammlung teilzunehmen, sagte ich.

Das war ein Sakrileg! Es drohte wie jede Gotteslästerung zu enden: mit dem Verstoß aus der Kirche. Ich entging nur knapp dem Ausschluss aus der Partei und zog es künftig vor, mir zuweilen auf die Zunge zu beißen, statt diese herauszustrecken. Nicht jede Albernheit, so entschied ich für mich, rechtfertigte einen politischen Glaubenskampf.

Nach einiger Zeit wurde ich nach Ebersbach versetzt.

Das Dorf lag in der Oberlausitz auf halbem Wege zwischen Görlitz und Zittau. Morgens brachte mich ein Bus zur Bahn, und nach der Zugfahrt musste ich noch etwa eine Stunde laufen, ehe ich meine Arbeitsstätte erreichte.

Aber nicht nur deshalb bemühte ich mich fortgesetzt um ein Studium. Ich wusste, dass ich nichts wusste, doch ich war ehrgeizig genug, um eine gute Pädagogin zu werden. Allerdings sollte es bis 1955 dauern, ehe man mich für abkömmlich hielt, ein fünfjähriges Fernstudium zu beginnen. Da ich mich schon in meiner Grundschulzeit sehr für die Fächer Deutsch und Literatur interessierte, schrieb ich auch sehr gern für notwendige Zwischenprüfungen Abhandlungen über die Merkmale des epischen Theaters, über den Dichter Hölderlin, aber auch Untersuchungen über Möglichkeiten der Verbindung des Deutschunterrichts mit dem Fach Unterricht in der Produktion und Ähnliches.

*Treffen mit der Seminargruppe 1995, wie immer von Johanna Olbrich (links außen) organisiert*

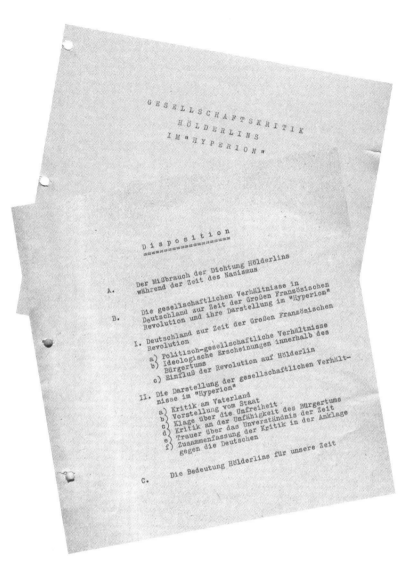

```
            GESELLSCHAFTSKRITIK
                 HÖLDERLINS
              IM "HYPERION"


            D i s p o s i t i o n
            ======================

          Der Mißbrauch der Dichtung Hölderlins
    A.    während der Zeit des Nazismus

          Die gesellschaftlichen Verhältnisse in
    B.    Deutschland zur Zeit der Großen Französischen
          Revolution und ihre Darstellung im "Hyperion"

    I.    Deutschland zur Zeit der Großen Französischen
          Revolution
          a) Politisch-gesellschaftliche Verhältnisse
          b) Ideologische Erscheinungen innerhalb des
             Bürgertums
          c) Einfluß der Revolution auf Hölderlin

    II.   Die Darstellung der gesellschaftlichen Verhält-
          nisse im "Hyperion"
          a) Kritik am Vaterland
          b) Vorstellung vom Staat
          c) Klage über die Unfreiheit
          d) Kritik an der Unfähigkeit des Bürgertums
          e) Trauer über das Unverständnis der Zeit
          f) Zusammenfassung der Kritik in der Anklage
             gegen die Deutschen

    C.    Die Bedeutung Hölderlins für unsere Zeit
```

*»Klar im Aufbau, geschickt in der Formulierung«,
hieß es in der Beurteilung der umfangreichen Arbeit*

Dieses Studium hat mir für meinen Beruf sehr viel
gegeben. Noch heute stehe ich mit Absolventen dieses Seminars in freundschaftlichem Kontakt, und ich
organisiere auch immer unsere Treffen.

Die Zeit war reich an Ereignissen und Einschnitten. Im Herbst 1949 hatte sich die DDR konstituiert. Es gab 1952 eine 2. Parteikonferenz, auf der der Aufbau der Grundlagen des Sozialismus beschlossen wurde, und einen 17. Juni 1953, an dem – nicht zuletzt von Forderungen der sowjetischen Besatzungsmacht nach Erhöhung der Reparationen und der Rüstungsanstrengungen provoziert – eine schwere innenpolitische Krise aufbrach.

Die Forderung Moskaus nach Steigerung der Verteidigungsanstrengungen war nicht zuletzt Folge des heißen Krieges der USA in Korea und der Ablehnung der sogenannten Stalin-Noten vom März 1952. Washington wollte weltweit »den Kommunismus« zurückrollen. Die Antihitlerkoalition war schon bald nach dem gemeinsamen Sieg über die Nazidiktatur

*Westintegration: Der Kanzler der Bundesrepublik Deutschland, zwischen Frankreich und Griechenland sitzend, führt die BRD in die NATO, 1955*

zerbrochen. Churchill hatte einen »Eisernen Vorhang« quer durch Europa niedergehen sehen. So hatte diese Mischung aus Antikommunismus und imperialen Ansprüchen zu einer Nordatlantischen Allianz geführt. In diese sollte auch der westdeutsche Separatstaat eingebunden werden, der in den westlichen Besatzungszonen 1949 gebildet worden war. Das rheinische Großkapital, schon immer mit separatistischen Neigungen ausgestattet, hatte die Parole ausgegeben: Lieber das halbe Deutschland ganz als das ganze Deutschland halb, und der erste Bundeskanzler sprach das auch öffentlich aus. Darin wurde Adenauer von den Westmächten unterstützt. Danach rollte die Wiederbewaffnung an. Zunächst favorisierte man eine westeuropäische Verteidigungsgemeinschaft, die an der Ablehnung Frankreichs scheiterte. Dann wurde Kurs auf die Einbindung der Bundesrepublik Deutschland in die NATO genommen.

Die Reaktion des Ostens ließ nicht lange auf sich warten. In der polnischen Hauptstadt schlossen die osteuropäischen Staaten unter sowjetischer Vormundschaft ein Bündnis. Die DDR gehörte fortan dem Warschauer Vertrag an. Mit allen Konsequenzen.

Doch merkwürdig: Im hintersten Zipfel der DDR, in welchem ich lebte, bekam man von diesem Kalten Krieg der politischen Blöcke nur wenig mit. Natürlich schlug sich die Auseinandersetzung in den Medien und in der Politik nieder. Die Gegenseite kam nicht bis hierher: Ihre Sender reichten nicht so weit.

Die Dörfler warteten mehrheitlich ab. Sie beobachteten teilnahmslos den Gang der Dinge. Man exponierte sich nicht. Weder in der einen noch in der anderen Richtung.

1955 wechselte ich nach Görlitz. Dort war es nicht unbedingt anders. Die Menschen hielten sich bedeckt. Selten wagte sich einer aus der Deckung, selbst die Lehrer übten sich in Zurückhaltung. Ich unterrichtete an der Volksschule in der Nähe des Bahnhofs. Der Hausmeister gehörte der Partei an. Er besaß ein feines Gespür und ziemlich präzise Menschenkenntnisse. Ich war erst wenige Wochen dort, als er mich beiseite nahm. »Mädel, du musst hier den Parteisekretär machen. Du hast das Zeug dazu, du kannst das Maul aufreißen. Außerdem hasst du wie ich Leute, die sich auf Kosten anderer profilieren. Arroganz ist dir fremd, du besitzt Verantwortungsgefühl und Führungsqualitäten!«

Ich konnte mich nur schwer seinem freundlichen Drängen widersetzen. Wie er es im Konkreten anstellte, dass ich zum ehrenamtlichen Parteisekretär der Schule gewählt wurde, vermochte ich nicht zu eruieren. Es passierte einfach. Wie vorher oder später. Manche ziehen das Unglück an – bei mir waren es immer Funktionen.

Parallel zur Arbeit an der Schule spulte ich meine Verpflichtungen im Fernstudium ab. Ich hatte mich mit Zustimmung meiner Vorgesetzten an der Pädagogischen Hochschule in Potsdam einschreiben lassen und wollte einen Abschluss als Lehrer für Deutsch, Literatur und Staatsbürgerkunde für die Mittelstufe erwerben. Da ich ohne Anhang und familiäre Verpflichtungen war, hatte ich keine Probleme, alles unter einen Hut zu bekommen.

So gingen denn die 50er Jahre dahin, ohne dass etwas Besonderes in meinem Leben geschah. Ich hatte – außer jenem nach einem Berufsabschluss –

keinerlei besondere Wünsche oder Ambitionen. Ich hatte Männer, aber keinen Mann, was ich nicht unbedingt als Defizit empfand. Ich hatte eine Familie, aber die lebte von mir getrennt in Polen. Ich hatte Freundinnen und Freunde, aber keine Gefährten.

Ich war offen für Neues.

So zögerte ich nicht, als mir eines Tages der Vorschlag gemacht wurde, von Görlitz nach Berlin zu gehen. Man benötige im Volksbildungsministerium junge Kader, hieß es. Die Schule in der DDR werde gründlich reformiert. Die zehnklassige Polytechnische Oberschule solle zur Hauptform werden, die Achtklassenschule sei bald Geschichte. Ich sei Anfang 30 und fast die Hälfte meines Lebens im Schuldienst, hätte praktische Erfahrungen und könne damit den Theoretikern in der Hauptstadt ordentlich zur Hand gehen. – Warum nicht?

Bevor ich aber meinen Koffer packte, würden einige Genossen aus Berlin kommen und bei mir im Unterricht hospitieren. Na gut. So kam es auch. Doch nach der Visite herrschte Funkstille. Es gingen einige Wochen ins Land, ohne dass etwas geschah. Offenkundig hatte ich sie nicht überzeugen können, dachte ich. Ich war schon geneigt, die Berliner Perspektive aus meinem Kopf zu tilgen, als der Schulrat mir vorschlug, im Ministerium einmal persönlich nachzufragen. Also fuhr ich nach Berlin. Im Ministerium gab man sich erfreut. Wieso ich erst jetzt komme – man erwarte mich schon seit Wochen. Kaum zu glauben und doch wahr: Die hatten sich darauf verlassen, dass ich mich nach ihrem Besuch in Görlitz selber meldete.

Ich bekam einen Schreibtisch und eine Aufgabe zugewiesen. Gemeinsam mit anderen sollte ich neue

Lehrpläne für die polytechnische Ausbildung erarbeiten. Größtes Augenmerk wurde auf die Vermittlung einer hohen Allgemeinbildung gelegt. Es ging um Bildung, nicht nur um Wissen. Wir kooperierten mit Pädagogen und Wissenschaftlern, suchten uns Schulen aus und testeten unsere Überlegungen. In diese Erprobung wurden auch Autoren der künftigen Lehrbücher mit einbezogen. So wuchs auf demokratische Weise langsam ein Ausbildungskonzept, das Zukunft haben sollte.

Als gegen Ende des Jahrhunderts eine europaweite Studie mit dem Kürzel PISA zutage förderte, dass das deutsche Bildungswesen so ziemlich das Letzte auf dem Kontinent war und Finnland an der Spitze stand, machten sich deutsche Experten auf in das Land der 10.000 Seen. Sie wollten erkunden, worauf sich dieser messbare Erfolg gründete. Sie ernteten Erstaunen. Man habe doch, so erklärten die Finnen, die Bildungsreform zu Beginn der 70er Jahre nach intensivem Studium des deutschen Schulsystems vorgenommen. Ihr heutiger Erfolg habe deutsche Wurzeln.

Das erstaunte nun wiederum die Deutschen, man könne sich nicht an entsprechende Studiendelegationen aus Finnland in der Bundesrepublik erinnern. Nein, wurde ihnen bedeutet, man sei zum Studium nicht in der BRD, sondern in der DDR gewesen. Habe man nach der Vereinigung denn die guten ostdeutschen Erfahrungen auf diesem Gebiet nicht übernommen, fragten die Finnen erstaunt zurück …

Das DDR-Volksbildungsministerium in Berlin behandelte die eigenen Mitarbeiter relativ stiefmütterlich. Die Obhutspflicht endete anscheinend mit der Vergabe eines Arbeitsplatzes und der Zuweisung einer sinnvollen Aufgabe. Zweifellos machte die allgemeine Wohnungsnot allen Institutionen zu schaffen. Berlin war knapp anderthalb Jahrzehnte nach Kriegsende noch immer in weiten Teilen eine Ruinenlandschaft. Ich fand in einer ehemaligen Ladenwohnung ein möbliertes Zimmer, dabei war mir die Frau eines Cousins meiner Mutter behilflich. Die Bleibe war jedoch nichts auf Dauer.

Eines Tages gab mir die Sekretärin des Parteisekretärs im Ministerium einen Tipp. Sie wohnte in der Andersenstraße unweit der Bornholmer Brücke. Die Wohnung neben der ihren sei frei geworden.

Ich bemühte mich um das Quartier und hatte Glück. Es handelte sich keineswegs um ein formidables Heim: Man »fiel« von der Straße gleich in die Küche. Dahinter lag ein Wohnzimmer, in das man durch ein Fenster in die Küche schauen konnte. Dahinter gab es einen Flur, von dem es zu einem weiteren Zimmer und zur Toilette ging. Ich bezeichnete das Ganze als »Wohnhöhle«. Aber immerhin: Es war meine erste eigene Wohnung, die ich mit Mitte dreißig bezog.

Alles in allem war ich mit meinem Schicksal sehr zufrieden: Ich hatte eine Arbeit, die mich ausfüllte, und fand Anerkennung bei den Kollegen, die mich bald zum ehrenamtlichen Chef der Gewerkschaftsorganisation im Ministerium wählten. Morgens verließ ich 7.15 Uhr meine Wohnung – die Arbeit begann 7.45 Uhr. Und vor 19.30 Uhr war ich nicht zu Hause. Private Besorgungen und Einkäufe musste ich notgedrungen während der Arbeitszeit erledigen. Aber das ging allen so. Letztlich bestand das Leben nur aus Arbeit und Schlafen, dazwischen gab es keinen Raum für anderes. Freizeit war ein Fremdwort. Da man jedoch nur vermissen kann, was man kennt, empfand ich dieses Defizit nicht.

An der Spitze des Ministeriums stand Prof. Dr. Alfred Lemnitz. Der Wirtschaftswissenschaftler hatte von 1946 bis 1953 als Vizechef die Parteihochschule geleitet und war nach dem 17. Juni 1953 für drei Jahre in die politische Wüste, d. h. an die Rostocker Universität, geschickt worden. Oder aus der Schusslinie genommen worden. Denn nach einem Zwischenspiel an der Hochschule für Ökonomie in Karlshorst berief ihn Walter Ulbricht 1958 zum Volksbildungsminister.

Lemnitz machte seine Sache ganz gut, ich kann mich an nichts Negatives erinnern. 1963 trat an seine Stelle die bisherige Stellvertreterin Margot Honecker. Die Frau des ZK-Sekretärs und Kronprinzen, als der er gehandelt wurde, wusste, wer sie war. Sie wusste aber nicht immer das, was sie als Ministerin für Volksbildung hätte wissen müssen. Die Herren in ihrer Umgebung verehrten sie sehr, wie mir schien, aber gemocht wurde sie nur von sehr wenigen. Mit ihr veränderte sich das Klima im Hause.

Doch mit der Ministerin hatte ich nichts zu tun. Meine wichtigsten Bezugspersonen waren Ulla Schob, eine Schlesierin, die ein wenig älter war als ich und unsere Arbeitsgruppe leitete, und mein Abteilungsleiter Gutjahr.

Im August 1961, Lemnitz war noch Minister, besuchten mich meine Mutter, Schwester Gertraud und ihr Mann in Berlin. Ich hatte mir einige Tage freigenommen. Am Samstag, dem 12. August, besuchten wir gemeinsam den Westteil der Stadt. Das war zwar Personen wie mir untersagt, doch die wenigsten von uns hielten sich an dieses Verdikt so sklavisch wie etwa Kollegin Ulla, die in Potsdam wohnte. Sie fuhr nicht mit der S-Bahn direkt über Bahnhof Zoo, sondern über Adlershof und Teltow. »Untenrum«, wie man seinerzeit die aufwendige Umrundung Westberlins nannte – später erhielten diese Züge vom Volksmund deshalb den Namen »Sputnik«.

Irgendwo in Charlottenburg lebte eine Cousine meiner Großmutter mütterlicherseits. Während des Krieges war sie mit ihrem Mann, einem Nazi, der als Blockwart seine Nachbarn überwachte, und den beiden Kindern wiederholt in Lauban zu Besuch gewesen. Ich hatte diese Visiten in unangenehmer Erinnerung behalten. Und nicht nur deshalb, weil sie meiner Mutter Erna theatralisch Unterstützung anboten (»Ernchen, wir helfen«), diese aber stets verweigerten, wenn es konkret wurde. Ihren unterschwelligen Hochmut fand ich einfach abstoßend. Unmittelbar nach meiner Übersiedlung nach Berlin hatte ich sie einmal aufgesucht. Ich war fremd in der Stadt und suchte Kontakte. Doch dieser Ausflug sollte der einzige bleiben: Sie waren die Gleichen geblieben. Doch weil Mutter nun meinte, wir sollten mal bei ihnen vorbeischauen, konnte und wollte ich mich nicht verweigern. Dazu war der Anlass zu nichtig.

Am Abend des 12. August 1961, nach dem kurzen Abstecher nach Charlottenburg, besuchten wir gemeinsam eine Theateraufführung. Anderentags, am Sonntag, brachte ich meine Verwandten nach Adlershof zur Bahn. Ich besaß kein Radio und hatte folglich auch keine Nachrichten gehört. Mir fiel allerdings auf, dass vergleichsweise viele Uniformierte unterwegs waren. Doch auch meine Nachbarin, die ich danach fragte, wusste dafür keinen Grund zu nennen. Ich sah keinen Anlass zu Beunruhigung und legte mich aufs Ohr.

Am nächsten Morgen ging ich wie gewohnt zur Arbeit. Der Erste, der mir über den Weg lief, war der Parteisekretär. Genauer gesagt: Er lief mir nicht zufällig vor die Füße, sondern kam in mein Arbeitszimmer gestürmt. »Wo warst du gestern?«, fauchte er mich nicht eben freundlich an. Ich antwortete wahrheitsgemäß. Er wollte mir nicht glauben, dass ich nichts davon mitbekommen habe, dass die DDR ihre Staatsgrenze unter Kontrolle genommen hatte.

»Du willst nicht bemerkt haben, dass Westberlin dichtgemacht worden ist?«

»Wenn es denn so ist.«

*Am 23. August 1961 paradieren die Kampfgruppen über den Strausberger Platz in Berlin*

Nun ja, er hätte es also gern gesehen, wenn jede Genossin und jeder Genosse am Sonntag am Arbeitsplatz erschienen wäre und die DDR verteidigt hätte.

Diesen Part übernahm in den nächsten Tagen mein Zimmernachbar, der bei der Kampfgruppe war. Für die Genossen Kämpfer waren im Konferenzraum Feldbetten aufgestellt worden. Er fand das Kriegsspielen-Müssen nicht sonderlich amüsant, zumal er einen Anschiss bekommen hatte. Sein Zug hatte einen Grenzabschnitt zu sichern, der sich am Invalidenfriedhof entlangzog. Weil nichts passierte, hatten die Männer auf einem Grabstein Skat gespielt. Abgesehen davon, dass mir das ein wenig pietätlos schien, war die disziplinarische Reaktion wegen militärischen Versagens wohl überzogen.

Wie nicht zum ersten Male in meinem Leben war etwas »über mich« gekommen. Andere hatten die Weichen gestellt, ich musste mich auf einem Gleis weiterbewegen, das nicht ich mir ausgesucht hatte. Doch darin besaß ich inzwischen Übung. Ich wehrte mich nicht und fügte mich in das Schicksal des Mauerbaus.

Gleichwohl sträubte ich mich innerlich gegen diese Maßnahme. Emotional lehnte ich aus Gründen, die ich nicht präzise benennen konnte, die Abschottung ab. Irgendetwas störte mich, auch wenn ich den Schritt als politisch notwendig begriff und billigte. Nunmehr war die Front klar definiert, die beiden deutschen Staaten und die Machtblöcke, zu denen sie gehörten, waren erkennbar geschieden. Damit war alles übersichtlich geworden. Auf dieser neuen Geschäftsgrundlage konnte man nun darangehen, den unnatürlichen Zustand der Teilung und den Kalten Krieg zu überwinden. Beide Seiten hatten Gelegen-

heit, über sich und ihren deutschen Nachbarn nachzudenken. Und wir, die DDR, hatten Zeit gewonnen.
Ohne unmittelbare Einmischung durch den Westen
konnte die gesellschaftliche Entwicklung vorangetrieben werden. Der Sozialismus bekam eine Chance, sich
von seinen Kinderkrankheiten zu befreien.

Im Januar 1963 beschloss der VI. Parteitag der
SED diverse Papiere. In der DDR sollte das »Neue
Ökonomische System der Leitung und Planung« ver-
wirklicht werden. Das war, wie Jahrzehnte später selbst
bürgerliche Historiker konstatierten, das einzige realistische Reformkonzept, das in 75 Jahren Sozialismus in
Angriff genommen wurde. Was später als »Prager
Frühling« bekannt werden sollte, begann in der DDR
also bereits fünf Jahre zuvor. Und – ich greife der
Sache vor – endete auch wie dieser mit dem nahezu
zeitgleichen Sturz seiner Protagonisten: 1970 wurden

*»Vaterland Frieden Sozialismus« war der VI. Parteitag
der SED überschrieben, der im Januar 1963 in Berlin
ein Reformkonzept für die DDR beschloss*

Ulbricht als Parteichef und Dubcek als Parlaments-
präsident abgelöst. In beiden Fällen ging die Initiative
von Moskau aus. Die Führungsmacht gestattete keinerlei Abweichen von ihrem Gesellschaftsmodell. Dieser Starrsinn sollte in die Katastrophe führen, die Stra-
tegen wie etwa Walter Ulbricht kommen sahen und
darum gegenzusteuern versuchten.

In jenem Jahr 1963, es ging bereits seinem Ende
entgegen, sprach mich ein Kollege an, ob ich meine
Wohnung als »Kawe« zur Verfügung stellen könnte.
Ich sei alleinstehend und Genossin, das dürfte wohl
möglich sein. Die Frage war freimütig und direkt
gestellt. So, als wüsste ich Bescheid und benötigte
keine weitere Erklärung. Doch ich verstand Bahnhof.

»Was ist eine Kawe?«, erkundigte ich mich naiv.

Mein Kollege schaute mich ein wenig irritiert an.
In seinem Blick glaubte ich Zweifel und Belustigung
zu erkennen. Nein, ich wisse wirklich nicht, was eine
»Kawe« sei, beteuerte ich. »Sag es mir, bitte.«

Der Genosse zog mich in die Ecke und dämpfte
seine Stimme. KW sei das Kürzel für »konspirative
Wohnung«, die würden von Genossen der Staatssicherheit genutzt, um sich mit Partnern zu inoffiziellen Gesprächen zu treffen.

Wieso träfe man sich nicht in den Diensträumen,
fragte ich unwissend und unbedarft.

Ich sei vielleicht bescheuert, sagte mein Kollege
kopfschüttelnd. »Das sind doch meist Leute aus dem
Westen. Mit denen kann man sich doch nicht in ste-
rilen Büros oder in öffentlichen Restaurants treffen,
wo man sie beobachten kann.«

»Wie bitte?« Ich ließ nicht locker, weil ich von diesem Metier absolut keine Ahnung hatte. Ich wusste,

dass jeder Staat Geheimdienste und Spione hatte, in der DDR gab es dafür ein Ministerium für Staatssicherheit. Ich hatte aber noch nie etwas mit dem MfS zu tun gehabt.

Halt, nein, einmal gab es schon einen eher unfreiwilligen Kontakt: Im Sommer des Vorjahres war ich in Sotschi am Schwarzen Meer. Da ich mir mit einem Monatsgehalt von rund 750 Mark keine Reise in die Sowjetunion leisten konnte, hatte ich mich als Reiseleiterin beworben. Ich teilte das Zimmer mit zwei jungen Frauen, die mit zur Reisegruppe gehörten. Eines Tages wurden ihnen bei einem Ausflug Geld und Papiere gestohlen. Die beiden Frauen waren nach diesem ärgerlichen Zwischenfall in Tränen aufgelöst. Mir schien das Malheur nicht so dramatisch. Wir informieren die Botschaft in Moskau und lassen Ersatzpapiere ausstellen, sagte ich, damit ihr nicht hierbleiben müsst. Ich deutete ihr neuerliches Schluchzen als Aversion gegenüber dem Land, das zumindest mir damals sehr gut gefiel. (Das änderte sich erst, als ich 1986 Sotschi zum zweiten Male besuchte und der allgegenwärtige Niedergang unübersehbar war.)

Doch nicht das war die Ursache für ihren Gefühlsausbruch. Sie seien Mitarbeiterinnen des MfS, gestanden sie mir.

Ich hatte die Sache nicht weiter verfolgt und längst vergessen, als ich jetzt über das Wesen einer »Kawe« aufgeklärt wurde.

Also die Westler würden nicht nur aus Gründen der Atmosphäre in eine private Wohnung geführt werden, sondern auch wegen der Konspiration, hörte ich. Sie würden unseren Genossen Auskunft geben über Dinge, die die DDR betrafen. So würden wir Kenntnis von den Absichten des Klassenfeindes erhalten und könnten rechtzeitig darauf reagieren. Auf diese Weise sicherten wir die DDR und auch den Frieden.

Das leuchtete mir ein. Allerdings war es nicht nur meiner Naivität geschuldet, dass ich diese Erklärung für hinreichend hielt. Zu jener Zeit war das Land noch nicht übersät mit konspirativen Wohnungen, in denen sich fortgesetzt offizielle Mitarbeiter des MfS mit ihren inoffiziellen trafen. Auch in diesem Bereich herrschte Tonnenideologie vor. Die Annahme, viel helfe auch viel, beflügelte den Ehrgeiz mancher Genossen, immer mehr inländische wie auswärtige Informanten gewinnen zu wollen. Manche standen sogar nur auf dem Papier, wie nach 1990 bekannt wurde.

Die Neigung, in fremder Leute Wohnung zu verkehren, schien überdies ein Berufsleiden zu sein. Sie war selbst Gegenstand meines einzigen Gespräches mit Minister Mielke in den späten 80er Jahren. Ich wurde ihm bei einem Empfang vorgestellt, er reagierte freundlich-hemdsärmelig. »Du lebst allein«, sagte er, wobei das eigentlich keine Frage, sondern eine Feststellung war. »Ich komme dich mal besuchen.«

Ich war derart perplex, dass ich mit der Anspielung auf meine 60 Jahre konterte: »Aber Kindermachen geht nicht mehr.«

Möglicherweise hatte ich seiner Bemerkung zu Unrecht eine anzügliche Bedeutung unterstellt. Doch Mielke reagiert beleidigt und damit wenig souverän.

Nachdem ich also in den Charakter einer KW eingeführt worden war, interessierte mich nur noch, wieso der Genosse mich in dieser Sache angesprochen hatte. Schließlich konnte er doch selbst seine Wohnung für diesen guten Zweck offerieren.

Das habe er ja, doch er werde demnächst heiraten, und seine Frau bringe zwei Kinder in die Ehe ein, mithin stünde die Wohnung tagsüber nicht mehr leer.

Das verstand ich, und so stimmte ich einem Gespräch mit einem Mitarbeiter des MfS zu.

# Das zweite Leben (1963-1969)

Unsere erste Begegnung fand in meiner Wohnhöhle statt. Arpert S. – ein sehr ungewöhnlicher Name, was für dessen Echtheit sprach – war ein freundlicher, aufgeschlossener junger Mann. In der Sache musste er mich nicht agitieren. Es ging eigentlich nur um die technische Abwicklung. Er benötige einen zweiten Schlüssel, werde mich aber jeweils vorher informieren, wann er die Wohnung für einen Treff benutzen wolle, erklärte er. Das würde kaum häufiger als einmal im Monat passieren.

Mehr wollte ich auch nicht wissen. Ich lebte nach dem Grundsatz: Was ich nicht weiß, macht mich nicht heiß. Dieses Prinzip sollte sich später auch in der Kundschaftertätigkeit als sinnvoll erweisen. Was einem nicht bekannt war, konnte man auch nicht in einer Vernehmung oder bei anderer Gelegenheit unbedarft ausplaudern. So vermied man, andere oder sich selbst zu belasten.

Später stellte er mir seinen unmittelbaren Vorgesetzten, Georg Neumann, genannt »Schorsch«, vor, der ebenfalls meine Wohnung für solche konspirativen Treffen nutzte. Er war zwar für mich verantwortlich, wie ich hörte, wurde aber nach kurzer Zeit zu einem Lehrgang geschickt und erhielt dann eine andere Aufgabe. Ihn sollte ich nach meiner Rückkehr noch einmal wiedersehen – aber dazu später.

Ich weiß nicht, wer sich in der Folgezeit alles mit wem in meiner Wohnung traf. Die Besucher hinterließen keine Spuren. Kein Hauch eines fremden Parfüms wehte mich an, und der Aschenbecher war auch stets gesäubert. Ich fand das alles gleichermaßen spannend wie selbstverständlich und hatte keine Zeit, über das eigentlich Ungewöhnliche des Vorgangs nachzudenken. Da überließ ich wildfremden Menschen den Schlüssel zu meiner Wohnung, und sie benutzten diese wie ihre eigene. Mein privates Refugium war eigentlich keines mehr. Praktisch war das Ministerium bei mir eingezogen. Ich teilte meine Küche, mein Zimmer, mein Klo mit einer staatlichen Institution. Diese zahlte dafür zwar Miete, aber nur eine symbolische, denn sie war so gering, dass der Obolus nicht der Erwähnung wert ist.

Mich erstaunt heute weder der Vorgang noch der Umstand, darüber seinerzeit nicht gegrübelt zu haben. Es entsprach meinem damaligen Idealismus. Ich hatte den Krieg in schlesischen Straßengräben gesehen: Die Bilder hatten sich traumatisch in meine Erinnerung gebrannt. Das wollte ich nie wieder sehen müssen. Deshalb unternahm ich alles, was *dem Frieden* diente bzw. wovon ich annahm, dass es ihm nützte. Wenn unsere Aufklärung sich mit Kundschaftern oder Informanten in meiner Wohnung meinte treffen zu müssen, diente das dem Frieden. Warum sollte ich da kleinliche, egoistische Zweifel anmelden und auf die Privatheit meiner Wohnung bestehen?

Im Nachgang fragte ich mich natürlich, ob die beiden Mädchen in Sotschi so zufällig in mein Zimmer geraten waren, wie es den Anschein hatte. Eventuell war das ebenso ein Test wie jene zufällige Begegnung mit einem jungen Manne unter dem Magistratsschirm. Ich kam von der Arbeit, stieg in der Schönhauser Allee aus der S-Bahn und wollte nach Hause. Er sprach mich unter irgendeinem Vorwand an, begleitete mich schließlich und ließ sich auch nicht vor der Wohnungstür abwimmeln. Drinnen wurde er zudringlich. Instinktiv tastete ich ihn bei der Umarmung ab und zog seine Pistole aus dem Halfter unter dem Jackett hervor.

Danach verkrümelte er sich wortlos.

Ich habe diesen Vorfall niemals erwähnt. Vermutlich war er auch den Initiatoren peinlich. Doch ich hatte offenkundig die Probe, wenn sie als eine solche gedacht war, bestanden.

Im Herbst 1964 schickte mich mein Arbeitgeber zur Bezirksparteischule. Nach dem Einjahreslehrgang sollte ich eine außerplanmäßige Aspirantur beginnen. Bevor es damit aber losging, signalisierte mein Untermieter von der unsichtbaren Front, dass »sein großer Chef« sich einmal mit mir unterhalten wolle. Ich sah keinen Grund, der Einladung ins Restaurant im Zentralen Haus der Deutsch-Sowjetischen Freundschaft nicht zu folgen. Das Palais am Kastanienwäldchen war bekannt für seine gute Küche.

Arpert S. stellte mir Ingolf Freyer vor. Ich vermag nicht zu sagen, ob er mir vom ersten Moment unsympathisch war. Sicher war er das nicht: Wie sonst hätte ich dann zwei Jahrzehnte mit ihm zusammenarbeiten können? Ich räume aber gern ein, dass seine Aussagen, als man mich 1991 ins Gefängnis steckte, unser Verhältnis in ein anderes Licht tauchten, und ich heute darum nicht ganz frei von Befangenheit bin. Damals machte er wohl einen recht guten Eindruck auf mich. Und er steuerte gleich aufs Ziel zu. Die Direktheit der Ansage verwunderte mich. Das war wohl meiner Naivität zuzuschreiben und der fehlenden Fantasie, dass man mich bereits sehr intensiv beäugt haben musste, ehe man mit diesem Ansinnen an mich herantrat.

Ob ich mir vorstellen kann, in den Westen zu gehen, fragte Ingolf Freyer, und ließ offen, welches Land er damit meinte. Auf meinen Blick, der wohl die Frage verriet, reagierte er mit dem Nachsatz: »Natürlich um dort für die DDR zu arbeiten.«

»Als Diplomat oder als Handelsvertreter?«, erkundigte ich mich gleichermaßen kokett wie unbedarft.

Die beiden grinsten wissend. »Das nun gerade nicht. Du wirst es schon sehen.«

Das sei ein interessantes Angebot, entgegnete ich, und meinte es so, wie ich es sagte. Ich war Ende dreißig und ohne Anhang, die Sehnsucht nach Nähe und Wärme war bislang nicht erfüllt worden. Unter denen, mit denen ich zuweilen das Bett teilte, war kein Mann, mit dem ich hätte alt werden wollen. Meine Arbeit befriedigte mich, doch sie war nun wiederum nicht so aufregend, dass man sich nicht von ihr hätte losreißen können. Berlin war ganz nett, doch es gab auch andere Orte, in denen es sich leben ließ. Und die DDR? Sie war meine Heimat, aber eben nicht die Welt. Und Lust auf fremde Gegenden, neue Bekanntschaften und andere Aufgaben verspürte ich schon. Und wenn man das alles haben und dabei etwas für den Frieden und den Sozialismus tun konnte, so schien das geradezu ideal.

Ich war entsetzlich blauäugig. Ich ahnte nicht einmal, was es bedeuten würde, gleichzeitig in zwei Welten und mit zwei Identitäten leben zu müssen. Wie es belastete, sich nicht einmal den intimsten Freunden vollständig öffnen zu können. Wie stark die Angst vorm Entdecktwerden mitunter sein würde, wie groß der zweifache Leistungsdruck war.

Trotzdem: Selbst wenn mir damals alle Konsequenzen bewusst gewesen wären, ich hätte mich nicht anders entschieden.

Das heißt: Ich entschied mich ja zunächst nicht. Wie es sich geziemte, bat ich trotz bekundeten Interesses um einige Tage Bedenkzeit. Diese wurden mir selbstredend bewilligt.

Es folgten einige schlaflose Nächte. Ich sah mich wieder an jenem 8. Mai 1945 in Treuen im Vogtland vorm Radio sitzen. Der Sender *Beromünster* verkündete, dass in Berlin die bedingungslose Kapitulation unterzeichnet worden war. Der Krieg sei zu Ende, Friede herrsche in Deutschland. Dann spielte man die »Ode an die Freude«, und mir stiegen die Tränen in die Augen. Es waren Tränen der Freude und Tränen der Wut. Mich packte kindlicher Zorn darüber, dass wieder einmal ohne mein Zutun etwas entschieden worden war. Der Frieden war so über uns gekommen wie der Krieg. Man hatte weder mich noch andere »kleine Leute« gefragt. Ich spürte Ohnmacht und den Wunsch, endlich aus dieser Rolle herauszukommen. Ich wollte selbst über mein Leben bestimmen und es nicht immer von anderen bestimmen lassen.

In diese Bilder mischten sich andere, künftige. Ich sah vor meinem geistigen Auge bekannte Bauwerke und Ausstellungssäle, Galerien und Museen, bunte Straßencafés und quirlige Plätze mit Denkmalen und Fontänen. Ich verspürte unbändige Neugier und Lust auf fremde Kulturen.

Mit dem mir angetragenen Angebot stünde das alles für mich offen …

Warum sollte ich diese einmalige Chance ausschlagen?

Man hatte keine andere Entscheidung erwartet, hörte ich. Mit Handschlag erfolgte meine Verpflichtung. Es gab keinen schriftlichen Vertrag, nur die verbindliche Forderung, Stillschweigen zu wahren gegenüber jedermann.

Man werde sich wieder melden.

Ingolf Freyer sollte für die nächsten fünf Jahre mein Führungsoffizier werden. Das wusste ich damals jedoch nicht.

Die Vorträge und Seminare an der Bezirksparteischule waren, wie der Berliner sagt, durchwachsen. Es gab sowohl Langweiliges und Dogmatisches als auch ziemlich Neues und Interessantes. Die Lehrgangsteilnehmer, die aus verschiedenen Bereichen kamen, steuerten Erfahrungen bei, die mir bislang gänzlich unbekannt waren. Einer war im Rat für gegenseitige Wirtschaftshilfe (RGW) tätig. Die Organisation war die Antwort des Ostblocks auf die Bildung der Europäischen Wirtschaftsgemeinschaft (EWG). Die ökonomische Macht war zwingender als die ideologische. Im Osten, so berichtete der Genosse, überlagere der Nationalismus oft den Internationalismus. Außerdem sei das wirtschaftliche Gefälle zu groß. Wir und die Tschechoslowakei seien traditionelle Industriestaaten, während auf dem Balkan rückständige Agrarländer existierten. Man könne nicht Epochen überspringen, meinte er, Geschichte lasse sich nicht betrügen. Die Zeit, um vom Feudalismus zum Sozialismus zu gelangen, sei nicht per RGW- oder Politbürobeschluss zu verkürzen. Die geschichtliche Entwicklung laufe nun einmal in langen Wellen. Natürlich hätten Marx und Engels recht, wenn sie die Richtung der Entwicklung beschrieben, und Rosa Luxemburg irrte keineswegs, wenn sie für das Überleben der Menschheit nur die Alternative zwischen Sozialismus oder Barbarei sah. Aber wir bräuchten einen langen Atem, es sei ungewiss, ob wir innerhalb einer Generation jene menschliche, gerechte, von Ausbeutung freie Welt errichten könnten, wie wir uns das vorstellten und natürlich auch wünschten.

Der Genosse senkte den Zweifel in mich, zugleich aber machten er und andere mir selbst mit solchen ketzerischen Reden Mut. Vor allem signalisierten sie eins: Wir selbst entschieden darüber. Der Mensch war nicht mehr Objekt höherer und mitunter finsterer Mächte, sondern Subjekt. Er nahm nunmehr Einfluss auf seine eigenen Geschicke.

Als sich der Kursus seinem Ende zuneigte, war Ingolf Freyer wieder da. »Wir geben dir zunächst ein paar Aufgaben, danach erfolgt die Ausbildung.«

»Was ist mit meiner Aspirantur?«

»Vergiss sie«, sagte mein Führungsoffizier apodiktisch, und ich spürte schmerzhaft die Grenzen meiner Selbstbestimmung. »Nach der Bezirksparteischule kehrst du nicht mehr an deinen Schreibtisch zurück. Du wirst weiter dein Gehalt von dort beziehen, für deine Kollegen bist du fortan in einer Außenstelle des Ministeriums für Volksbildung tätig.«

Ich wagte einen zaghaften Einwand. »Und was ist, wenn mir jemand von ihnen über den Weg läuft? Was sage ich da?«

Ingolf machte eine wegwerfende Bewegung. Das werde schon nicht passieren, und falls doch, müsse ich mir eben etwas einfallen lassen.

Ich konnte nicht ahnen, wie rasch genau dieser Fall eintreten sollte.

Man gab mir eine Adresse in Westberlin und den Auftrag, einen Mann zu observieren. Ich hatte seinen Namen und die Wohnung und sollte feststellen, ob und wann er diese betrete. Die Sache war, wenn ich es heute bedenke, reichlich albern. Ich hatte kein Bild von dieser Person: Woher sollte ich wissen, ob jene Person, die die Tür aufsperrte, auch die nämliche war? Darum aber wird es wohl nicht gegangen sein. Man wollte vermutlich wissen, ob ich einen Auftrag verlässlich erfüllte und berechenbar war.

Ich fuhr also nach Charlottenburg zur angegebenen Anschrift, ging auch ins Haus, studierte das Namensschild, lungerte einige Zeit im Treppenhaus herum, und als ich jemanden durch die bewusste Wohnungstür gehen sah, machte ich mich umgehend auf zum Bahnhof Friedrichstraße.

Und dort passierte es. Als ich die Treppe im Bahnhof hinunterlief, auf der ich unschwer als jemand erkannt wurde, der soeben mit der S-Bahn aus dem abgeriegelten Teil der Stadt eingetroffen war, der üblicherweise DDR-Bürgern nicht zugänglich war, rief eine mir bekannte Frau durch die Halle: »Mensch Hanne, wo kommst du denn her?«

Die Freude der ehemaligen Kollegin war so echt wie deplatziert. Ich lief ihr winkend entgegen und tat so, als würde ich mich ebenfalls über diese Begegnung freuen, obgleich ich innerlich kochte.

»Du musst doch hier nicht so brüllen«, meinte ich eher beiläufig, »ich hätte dich schon gesehen.« Und dann erzählte ich ihr die Geschichte einer Delegation chinesischer Pädagogen, die sich zu einem Besuch

Westberlins entschlossen hätten. Mir habe man den Auftrag erteilt, sie dorthin zu begleiten. Drüben hätte sie ein Westberliner Genosse unter seine Fittiche genommen und mich nach Hause entlassen.

Meine Erklärung wirkte überzeugend.

Gleichwohl informierte ich meinen Führungsoffizier über diese nicht geplante Begegnung. Da er aber nie wieder darauf zu sprechen kam, schien sie ohne Folgen geblieben zu sein.

Der zweite Test, den ich absolvieren musste, trug sich um den 1. Mai 1965 zu. Ich sollte in Wien eine Frau aufsuchen, die mal »für uns« gearbeitet hatte. Seit geraumer Zeit herrschte Funkstille. Der Grund war nicht bekannt.

Da ich einige Tage auswärts sein würde, musste ich mir eine Legende ausdenken. Zudem war ich Parteisekretär des Lehrgangs an der Bezirksparteischule und

*Taxi-Stand an der Nordseite des Bahnhofs Friedrichstraße. Wer aus Westberlin kam, stand erst einmal an*

Mitglied der Zentralen Parteileitung: Da wäre meine Abwesenheit bei der Mai-Demonstration nicht nur aufgefallen, sondern auch Anlass für kritische Fragen gewesen. Ich weiß nicht mehr, ob ich mich krank meldete oder einen anderen triftigen und vor allem akzeptablen Grund vorschob. Auf alle Fälle: Ich lernte zu lügen. Das missfiel mir, weil ich ein offener und ehrlicher Charakter war und bin. Gleichwohl war mir bewusst, dass die Konspiration zwangsläufig zur Einschränkung und Unterdrückung von Wahrheit führte: Offenheit und Geheimhaltung schließen sich objektiv aus. Allerdings, das spürte ich, musste ich darauf achten, dass der dauernde Umgang mit Legenden nicht den Charakter verbog. Am Ende konnte ich vielleicht selbst nicht mehr unterscheiden zwischen Märchen und Wahrheit. Ich fürchtete plötzlich nichts so sehr wie die Möglichkeit, mich im Gespinst aus Konspiration und schützenden Legenden zu verheddern. Am Ende führte diese Art von Bewusstseinsspaltung noch zu Schizophrenie? War das nicht ohnehin ein Berufsleiden aller Geheimdienstler auf der Welt?

Bevor ich mich auf den Weg nach Österreich machte, schickte man mich nach Westberlin, damit ich mich dort neu einkleidete. Offenkundig trauten die Genossen doch nicht dem DDR-Chic. Ich kaufte mir die eben notwendigen Kleidungsstücke und eine Sonnenbrille. Nichts Aufwendiges oder gar Auffälliges. Doch die Kasse der HV A monierte trotzdem, ich hätte zu teuer eingekauft, wofür mich mein Führungsoffizier pflichtschuldig kritisierte. Diese Reaktion war mir neu, so unüblich aber nicht: Diejenigen, die die Tagessätze festlegten, hatten keinerlei Vorstellungen von den tatsächlichen Preisen und Tarifen im westlichen Ausland. Das, so hörte ich später von Mitstreitern, machte fast allen bei operativen Einsätzen zu schaffen. Ich kenne keinen Genossen, der nicht selber auf die Mark, den Dollar oder den Franc geachtet hätte, wohl wissend, unter welchen Anstrengungen die DDR-Werktätigen die Devisen erwirtschafteten.

Nachdem ich einen (gefälschten) BRD-Ausweis, Fahrkarten und Instruktionen erhalten hatte, machte ich mich mit der Bahn auf den Weg. Einen mehrstündigen Aufenthalt in Nürnberg nutzte ich zu einem Stadtrundgang. Ich besichtigte die Burg und einige Kirchen und erbaute mich an der mittelalterlichen Kulisse. Das führte wohl dazu, dass ich bei der Weiterfahrt in einen Tiefschlaf versank. Aus diesem wurde ich unsanft gerissen. »Die Papiere, bitte«, wurde ich von österreichischen Grenzern geweckt.

Noch nicht ganz wach, reichte ich ihnen meinen westdeutschen Pass. Er fragte mich nach Daten. Ohne Stottern konnte ich die dort eingetragenen Angaben herbeten. Er reichte mir das Dokument zurück und wünschte angenehme Weiterfahrt.

In meiner Brust rangen zwei Gefühle. Zum einen war ich wütend auf mich, dass mich der Schlaf übermannt hatte. Das war nicht gut. Ich hätte ausgeraubt werden können. Zum anderen war ich stolz auf mich, dass ich wirklich »wie im Schlaf« meine andere Identität beherrschte. Das gab mir Selbstbewusstsein und Mut.

Am Morgen rollte der Zug in Wien ein. 1943, während des Krieges, war ich mit der Schule schon einmal hier gewesen. Im Jahr darauf wollten wir erneut eine Klassenfahrt an die Donau unternehmen, doch das wurde uns untersagt.

Der Treff fand vor einem Laden statt. Ich war avisiert worden. Die etwa 40-jährige Frau gab sich zu erkennen, als ich das vereinbarte Kennwort sagte. Danach gingen wir in ein Café. Die ehemalige DDR-Bürgerin hatte seinerzeit einen Österreicher geheiratet und war von der HV A angeworben worden, ehe sie mit diesem in die Alpenrepublik ging. Die Ehe war inzwischen in die Brüche gegangen. Aber nicht nur das veranlasste mich, anschließend in Berlin vorzuschlagen, die Verbindung final zu beenden. Die nicht unsympathische Frau wirkte verängstigt und seelisch schwer angeschlagen. Sie hatte genug an ihrem eigenen Schicksal zu tragen. Mit einer zusätzlichen geheimdienstlichen Tätigkeit war sie ganz offensichtlich überfordert. Einerseits fühlte sie sich der DDR verpflichtet, andererseits lasteten die aktuellen Umstände schwer auf ihr. Das zerriss sie. Respekt aber: Sie hatte bislang dichtgehalten. Es schien das Sinnvollste zu sein, den Vorgang zu beenden. Oder wie es in der Fachsprache hieß: sie abzuschalten.

Wir verabschiedeten uns freundlich und wussten, dass wir uns nie wiedersehen würden.

Die Rückreise verlief ohne Komplikationen, und auch der Grenzübertritt in die DDR erfolgte reibungslos. Was Wunder, ich war schließlich avisiert.

In Berlin endete im Sommer der Lehrgang an der Bezirksparteischule. Danach begann meine Ausbildung als Aufklärer. Zumeist kamen meine Lehrer in meine Wohnung. Ich lernte morsen, Nachrichten ver- und entschlüsseln, fotografieren und Filme entwickeln, erfuhr, wie man mit Minikameras hantierte, Tote Briefkästen (TBK) anlegte, feststellte, ob man observiert wurde, und wie man sich eines »Schattens«

entledigte. Ich wurde unterrichtet, eine Wohnung oder einen Koffer so zu hinterlassen, dass ich später feststellen konnte, ob sich jemand dafür interessiert hatte. Es war das Einmaleins der Agententätigkeit, wie es wohl überall auf der Welt und in jedem Dienst praktiziert wurde und noch wird. Eine militärische Ausbildung allerdings, etwa schießen oder Handgranatenwerfen, erhielt ich nicht. Für einen James Bond langte der Grundkurs nicht. Aber ich sollte und wollte keine Mata Hari werden, das hatte offenkundig auch niemand vor. Ich sollte die wesentlichen handwerklichen Dinge entweder beherrschen oder wenigstens einmal davon gehört haben.

Vieles habe ich später auch nie anwenden müssen. Ich brauchte beispielsweise nie zu funken, das Morsealphabet habe ich schon lange vergessen. Der Schreibmaschinen- und Stenografie-Kurs hingegen, den ich ebenfalls absolvierte, war sehr sinnvoll. Darauf sollte später meine berufliche Existenz gründen, was aber zunächst nicht absehbar war.

So gingen die Wochen und Monate dahin. Im Frühsommer 1966 schickte man mich nach London. Ich hatte während meiner Ausbildung in Nikolai vier Jahre Englisch gelernt, mehr schlecht als recht, und so war es durchaus nützlich, meinen Sprachkenntnissen im Mutterland ein wenig aufzuhelfen. Zudem machte es sich später gut, wenn man auf persönliche Erfahrungen aus Großbritannien verweisen konnte.

Erstmals sollte ich auch in die Rolle einer tatsächlich existierenden Person schlüpfen und testen, ob ich diese Übung beherrschte. Die Genossen hatten sich eine Westdeutsche ausgeguckt, die als Au-pair-Mädchen bei einer Londoner Familie gearbeitet und bei ihrer Abreise zugesagt hatte, für eine Nachfolgerin zu sorgen. Diese Nachfolgerin sollte ich spielen – allerdings mit der Maßgabe, dass ich diese Stelle nicht antreten würde. Das war vielleicht ein wenig albern, doch es stellte meinen ersten Versuch dar, in einem authentischen Background mit fremder Identität zu agieren.

Mein Aufenthalt in der britischen Hauptstadt war für sechs Wochen geplant. Das sollte genügen, um später erklären zu können, ein ganzes Jahr auf der Insel gelebt zu haben. In diesen anderthalb Monaten musste ich also reichlich Informationen aufnehmen.

Ich bereitete mich intensiv auf den Einsatz vor. Ich las Reiseliteratur, schaute mir Filme an und ließ mir von Personen, die schon einmal dort gewesen waren, Hinweise und Tipps geben.

Zunächst flog ich von Westberlin nach Hannover. Von dort ging es mit der Bahn an die holländische Küste, wo ich mit einer Fähre übersetzen wollte. Allerdings streikten die britischen Seeleute gerade, weshalb alle Reisenden zunächst einmal festsaßen. Es fuhren aber nicht nur englische Fähren über den Kanal. So nahm uns bald ein anderes Gefährt auf.

Die Folge der Verzögerung war jedoch, dass ich erst am späten Abend in London eintraf. Die Vermittlung, bei der ich mich um ein preiswertes Quartier bemühen wollte, hatte bereits geschlossen. Die Hotels in Bahnhofsnähe waren »much expensive«, für mich unbezahlbar. Das Geld, das man mir in Berlin in die Tasche gesteckt hatte, war äußert knapp bemessen, ich hatte keinerlei Spielraum für Sonderausgaben. Eine Nacht in einem dieser Hotels kostete so viel, wie ich für eine ganze Woche bewilligt bekommen hatte. Ausgeschlossen. Und auf dem Bahnhof wollte ich auch nicht nächtigen. Dort fanden naturgemäß regelmäßig Kontrollen durch die Polizei statt. Ich wollte das Schicksal nicht herausfordern.

So steuerte ich denn den Taxi-Port an. Dort, so meinte ich, würde man mir gewiss weiterhelfen können. Auf diese Idee waren auch schon andere gekommen. Ich traf auf eine englische Reisegruppe, die soeben aus der Bundesrepublik heimgekommen und noch ganz begeistert war. Als sie meine als Deutsche und meines Problems gewahr wurden, zog mich ein hilfsbereites Ehepaar ins Auto und nahm mich mit zu seinem Hotel. Dort war jedoch kein Zimmer mehr frei. Die hilfsbereiten Briten hatten aber, so ließen sie mich nach Verhandlungen an der Rezeption wissen, in einem anderen preiswerten Haus für mich reservieren lassen, das Taxi würde mich dorthin bringen. So geschah es auch. Ich öffnete meine Geldbörse, als der Wagen hielt, doch der Fahrer winkte lächelnd ab: Das Ehepaar hätte ihn bereits bezahlt. Das freute mich natürlich sehr. Ich begann, die Briten zu mögen.

Es gab in den folgenden Wochen wiederholt Begebenheiten, die mich sehr für diesen Menschenschlag einnahmen. Die Briten waren mehrheitlich freundlich und hilfsbereit, zuweilen ein wenig spleenig, aber selbst dabei keineswegs unsympathisch. Ihre Gesichter strahlten Zufriedenheit und Zuversicht aus. Allerdings merkte ich bald, dass nicht unbedingt alle auch wirklich glücklich und zufrieden waren. Hinter der Fassade bürgerlichen Lebens waren durchaus soziale Unterschiede, Not und Ängste erkennbar.

Am nächsten Tag fand ich ein wohlfeiles Quartier in der Nähe des Hydeparks. Bed & Breakfast kosteten ein Pfund, was zu jener Zeit noch zwölf D-Mark wert war. Ich haute mir morgens ordentlich den Bauch voll und steckte etwas von der Tafel in die Tasche, damit ich über den Tag kam. Das half sparen.

Ich fand auch bald eine Sprachenschule, bei der ich mich zu einem Kurs anmeldete. Wir waren etwa zwanzig Leute, die aus unterschiedlichen Motiven Englisch lernten. Da waren Einwanderer, die in ihrer neuen Heimat heimisch werden wollten, Ausländer wie ich, die ihre Sprachkenntnisse zu verbessern wünschten, und auch Touristen. Ich entsinne mich beispielsweise einer Polin, die als Jüdin bereits in einem Massengrab gelegen hatte und sich des Nachts unter dem Leichenberg hervorgrub. Sie war nach Israel ausgewandert und dort nicht glücklich geworden. Nun versuchte sie in Großbritannien Fuß zu fassen. Und da war der Offizier, ein lebenslustiger Jugoslawe. Es bildete sich bald eine illustre Gruppe, die sich regelmäßig zu Gesprächsrunden im Haus einer Ärztin traf. Diese war verreist und hatte ihr Haus einem der Schüler überlassen. Wir erzählten uns gegenseitig unsere Lebensgeschichten, diskutierten dieses und jenes. Ich hörte meist nur zu. Und das aus zwei Gründen. Zum einen musste ich mich aus den bekannten Gründen bedeckt halten, zum anderen merkte ich, dass es auch in diesem Kreis nicht wenige gab, die lediglich Zuhörer *brauchten*.

Diese Rolle spielte ich gern.

Daneben streifte ich durch die riesige Stadt. Sie sprengte jedes mir bislang bekannte Maß. London war gewaltiger als Berlin oder Wien. Es war bunter, lauter, schriller, vornehmer. Die Pop-Kultur prägte das öffentliche Leben ebenso wie konservative Lebensart. Als der

Geburtstag von Queen Mum zelebriert wurde, war ich gleichermaßen verwundert wie amüsiert, wie viele Menschen sich drängten, um der Königin Mutter zuzuwinken.

In den Kinos erstaunten mich mindestens drei Dinge: Zum einen verfolgten die Briten nahezu regungslos die Handlung, es gab kaum Gelächter oder Seufzen im Auditorium, und ebenso emotionslos verließ man den Saal, sobald es hell wurde. Und drittens schließlich aß und trank man während des Films ohne Unterlass, als sei man eigens zu diesem Zweck ins Kino gegangen.

Nicht minder kurios die Nummerierungen der Häuser. Sie folgten nicht jener Logik, die mir bekannt war: auf der einen Seite die geraden, auf der anderen die ungeraden Nummern, auf oder absteigend, je nachdem, aus welcher Richtung man in die Straße einbog. In London herrschte Willkür. Es gab kein System, zumindest vermochte ich keines zu entdecken.

Natürlich gab es auch Gegenden, vor denen ich gewarnt worden war, sie zu besuchen. Ich mied die Rotlichtbezirke ebenso wie die Spelunken. Trotzdem fiel ich einmal auf einen vermeintlich hilfsbereiten Reiseführer herein.

Der Mann machte sich erbötig, mir einen Funkturm zu zeigen. Vor Ort stellte sich heraus, dass dieser geschlossen hatte. Ersatzweise lud er mich in ein Restaurant ein, was für mich insofern interessant war, als es sich als ein Nazi-Treff erwies. Es handelte sich erkennbar um britische Faschisten. Wir ließen uns aber nicht stören, speisten und tranken ganz ordentlich. Mein Begleiter verabschiedete sich, als wir beim

Dessert waren, zur Toilette. Von dieser kehrte er nicht wieder. Die Rechnung ging an mich.

Ich besuchte Openair-Konzerte der damals »Beatkapellen« genannten Bands in den vielen Parks, die hinter Bretterzäunen gegeben wurden. Um hineinzugelangen, musste man Eintritt zahlen. Doch die Musik blieb nicht hinter dem Zaun. Sie schwang sich über die Wand, stieg hinauf in den Himmel und breitete sich ringsum aus. Der Kunstgenuss außerhalb der Umzäunung war nicht minder groß – und er war gratis. Später bezeichnete man im Westen diese Jahre in London als die »Swinging Sixties«, was sie auch waren.

Das British Museum sparte ich mir für einen Regentag auf. Ich sollte allerdings Pech haben. Während der gesamten Dauer meines Aufenthaltes regnete es nicht ein Mal. Es war wie verhext: Der Himmel war völlig ungewöhnlich stets blitzblank geputzt und lockte mich auf die Straße.

Schließlich machte ich mich auf nach Wimbledon, um »meine Stelle« abzusagen. Die Familie lebte in einer bemerkenswerten Villa. Ich wurde mit überschwänglicher Freude von der Frau des Hauses begrüßt. Sie zeigte mir gleich die weiträumige, großzügig geschnittene Behausung und schnatterte munter drauflos, so dass ich kaum dazu kam, die Grüße »meiner Freundin«, die unter diesem Dach so freundliche Aufnahme gefunden hatte, zu übermitteln.

Wie erwartet, zog umgehend Enttäuschung in das Gesicht der Frau, als ich ihr erklärte, dass ich wegen einer Absage gekommen sei. Ich könne, so sehr ich es auch möchte, aus verschiedenen Gründen die Au-pair-Stelle nicht antreten. »I'm so sorry.«

Die Frau gab sich ehrlich betrübt.

*Mit Heimweh zum Grab von Karl Marx in Highgate*

Nur einmal überfiel mich in London Heimweh. Ich wusste mir keinen Rat und flüchtete mich nach Highgate, wo das Grab von Karl Marx war. Der wuchtige Kopf war mir vertraut, war irgendwie Heimat, der Gedenkort war wie der Grund, den Antäus berühren musste, um wieder Kraft zu tanken. Ich spazierte also über den Friedhof und suchte nach dem mir bekannten Kopf. Als ich ihn sah, beschleunigte ich meinen Schritt. Auf dem Grabmal hockte ein Trinker. Er reckte mir die Flasche fröhlich entgegen und sagte: »Cheers.« Eigentlich hätte ich auf diesen blasphemischen Akt unwirsch reagieren müssen. Doch die ungezwungene Heiterkeit wirkte irgendwie ansteckend. Ich verließ amüsiert den Ort, nachdem ich meine Blumen abgelegt hatte.

Nach sechs Wochen packte ich planmäßig meine Koffer. In Berlin durfte ich ausführlich über den Bildungsurlaub berichten, schriftlich und mündlich. Vermutlich war auch das nur eine Fingerübung. Man wollte testen, wie ich beobachtet und, allein auf mich gestellt, in einer fremden Umgebung reagiert hatte. Dabei war mir mein exzellentes Kurzzeitgedächtnis behilflich. Die meisten Menschen verfügen, namentlich im Alter, über ein gutes Langzeitgedächtnis, hingegen verblasst in der Erinnerung rasch das, was erst unlängst geschah. Bei mir ist es umgekehrt. Schon in der Schule profitierte ich davon. Bereits auf dem Nachhauseweg hatte ich das Gedicht im Kopf, das zu lernen wir üblicherweise eine Woche zugebilligt bekommen hatten.

Ich konnte ohne Mühe meinen Aufenthalt bis ins letzte Detail rekapitulieren. Mein Führungsoffizier übermittelte mir die Anerkennung all jener, die meine Aufzeichnungen studiert hatten. Vermutlich galt das weniger dem Neuigkeits- und Nachrichtenwert meiner Mitteilungen, denn der wird so sensationell hoch nicht gewesen sein. Die meisten Notizen waren wohl eher touristischer Natur. Ich hatte beispielsweise auch über meine Ausflüge nach Yale und Oxford geschrieben. Als Pädagogin interessierten mich diese renommierten Universitäten, die die Markenzeichen der britischen Elite waren. Aber niemand fragte in Berlin nach, was ich dort gesucht hatte.

Nachdem alle Auswertungen durch waren, hieß es nur, dass London wohl nichts für mich wäre, was so viel bedeutete wie: ein Einsatz in Großbritannien werde nicht in Erwägung gezogen. Ich bezweifle, dass dies jemals in Planung gewesen war. Dennoch war ich wegen der Absage nicht traurig.

»Probieren wir mal Schweden«, sagte mein Führungsoffizier. Und der Vorschlag klang so, als suche man geradezu willkürlich auf der Landkarte einen

Platz für mich. – »Ja, warum nicht«, entgegnete ich. »Fahre ich also nach Skandinavien.«

Ich wusste damals noch nichts von der sogenannten Nordroute, die ich später selber einmal benutzen würde. Kehrten Kundschafter aus Westeuropa in die DDR zurück, reisten sie oft über Dänemark und Schweden. Von Gedser und Trelleborg gab es Fährverbindungen nach Sassnitz und Rostock-Warnemünde. Von dort fuhr »im Transit« die Bahn nach Westberlin. So gelangte man vergleichsweise unauffällig in die Heimat.

Jetzt aber musste ich diese erst einmal für drei Wochen mit falschen Papieren verlassen. Ich reiste von Kiel mit der Fähre nach Göteborg. Dort genehmigte ich mir in einem Straßencafé einen Eisbecher und eine Tasse Kaffee – und fiel fast vom Stuhl, als die Rechnung kam. Das war meine erste Lehre: In Skandinavien war alles erheblich teurer als in der Bundesrepublik.

Ich reiste mit öffentlichen Verkehrsmitteln kreuz und quer durchs Land. Und fand Schweden wunderbar. Die Landschaft gefiel mir, sie war weit und großzügig wie die Menschen. Deren sympathische Offenheit beeindruckte mich. Die Schweden bewegten sich, als gehörte das ganze Land ihnen persönlich. Sie bauten ihre Ferienhäuser mitten in den Wald. Da war offenbar niemand, der sagte: Das ist *mein* Wald, hier darfst du nicht bauen. Die Städte waren sauber und ordentlich. Niemand warf achtlos eine Zigarettenkippe oder Bonbonpapier auf die Straße. Man begegnete sich höflich und rücksichtsvoll, niemand drängelte in der Bahn. Als fast vier Jahrzehnte später, im September 2003, die schwedische Außenministerin

Anna Lindh in einem Kaufhaus erstochen wurde, machten die Berichte deutlich, dass diese Offenheit in der Gesellschaft noch immer existierte, nun wohl aber endgültig Geschichte sein würde. Lindh hatte hundert Kilometer vor Stockholm gelebt und war morgens mit der Vorortbahn wie jeder andere Pendler auch in ihr Ministerium gefahren. War der Zug überfüllt, hockte sie sich in den Gang, holte Akten aus ihrem Rucksack und arbeitete diese auf ihren Knien durch. Unvorstellbar in Deutschland, auch in der DDR natürlich.

Ich verliebte mich in Schweden. Später machte ich dort wiederholt Urlaub. Und als ich im Besitz einer Fahrerlaubnis war, ging ich auf ausgedehnte Entdeckungstouren. Einmal machte ich in der Universitätsstadt Uppsala Ferien, das Wetter war trübe und regnerisch. Ich beschloss, so lange zu fahren, bis der Himmel blau sein würde und die Sonne funkelte. Ich legte an die dreihundert Kilometer zurück, dann rissen die Wolken auf. Das war schön – der Himmel wie dieses tiefe Gefühl von Freiheit: Ich kann so weit fahren, dass das schlechte Wetter zurückbleibt. Es gibt keinen Grenzzaun, an dem man hängenbleibt.

Meine Zuneigung zu Schweden ging sogar so weit, dass ich 1990 ernsthaft in Erwägung zog, das vereinigte Deutschland zu verlassen und mich dort niederzulassen. Eigentlich hielten mich nur die hohen Lebenshaltungskosten davon ab, den Gedanken in die Tat umzusetzen. Und vielleicht das Wissen, dass man einen alten Baum nicht mehr verpflanzen sollte. Immerhin war ich damals bereits Mitte sechzig.

Ich benutzte bei meiner Rückkehr die Fähre nach Rostock und dann den Transitzug. Dabei merkte ich zum ersten Male, wie schwierig es ist, mit einem Westpass in die DDR zu gelangen, wenn man an der Grenzübergangsstelle nicht avisiert worden war. Es schien nicht minder schwierig wie der umgekehrte Weg. Die Grenze war schon ein wenig vertrackt, aber objektiv notwendig. Im Westen mochte man die DDR von Anfang an nicht. Sie sollte weg, eine gesellschaftliche Alternative zum bürgerlich-kapitalistischen Staat war in Deutschland nicht gewünscht. Dazu unternahm man im Kalten Krieg, der unverändert tobte, viele Anstrengungen. Und die DDR wehrte sich auf ihre Weise. Nicht immer freundlich, aber konsequent und ausdauernd. So konsequent, dass es zuweilen auch die eigenen Genossen traf. Allein die Blicke unserer Grenzer und Zöllner signalisierten Missmut. Es schien der Neid zu sein darüber, dass man nie dorthin gelangen würde, woher der Reisende gerade kam oder sich hinbewegte. Ich habe später in Berlin wiederholt darauf hingewiesen, dass unsere Genossen an der Grenze der erste und der letzte Eindruck vom Sozialismus seien, den die Westler bekämen: Wäre da ein wenig mehr souveräne Freundlichkeit nicht besser?

Dann aber schlüpfte ich doch hinein. Ich durfte wieder meine Berichte abfassen. Sie wurden als zufriedenstellend bewertet.

Der Sommer 1966 neigte sich bereits dem Ende zu, als mein Führungsoffizier sagte: »Wir haben jetzt jemanden gefunden. Nun musst du ran!«

Die Botschaft lautete: Eine Doppelgängerin ist entdeckt, in deren Rolle ich schlüpfen sollte. Meine Tage als Johanna Olbrich waren gezählt.

Ich bekam diverse Unterlagen und eine Biografie, mit der ich mich vertraut machen sollte. Ein Foto lag nicht mit dabei. Die Person hieß Sonja Lydia Lüneburg. Sie war als Lydia Goesch am 7. Dezember 1924 in Berlin-Friedrichshain geboren worden. 1950 heiratete die gelernte Friseuse den Westberliner Albert Lüneburg, der ihr 1950 im Wedding einen Frisiersalon einrichtete. Sie machte ihren Meisterbrief, ließ sich 1953 scheiden. Den Laden gab sie 1964 auf. Inzwischen hatte sie ein Verhältnis mit einem Franzosen. Roger Gracia, einen Postboten, lernte sie in Paris kennen. Doch die Beziehung ging offenkundig in die Brüche, was dazu führte, dass sie vor wenigen Wochen in die DDR gekommen war. Sie befände sich in einem Lager für Westaussiedler in Berlin-Weißensee, sagte man mir.

Ich fragte nicht weiter nach dem Woher und Wohin. Wenn man mir das so sagte, hatte das seine Richtigkeit.

Später – während meines Prozesses, wo die echte Sonja Lüneburg als Zeugin vernommen wurde und ich sie erstmals von Angesicht sah – erfuhr ich Hintergründe und Zusammenhänge. Das Gericht stellte fest, dass Sonja Lüneburg Anfang 1964 »erstmals psychisch auffällig geworden war. In aufgelöstem Zustand hatte sie sich gegenüber der Polizei erklärt, sie fühle sich von Rauschgifthändlern verfolgt, und habe zugleich verlangt, dass man ihr Fahrgeld zum Besuch ihres Verlobten in Paris zur Verfügung stelle.«

Sie soll fast ein Jahr im Aufnahmelager in Weißensee gewesen sein und im Oktober 1968 in die Psychiatrische Klinik in Berlin-Buch eingewiesen worden sein. Die Ärzte diagnostizierten eine paranoide Schizophrenie. Im November 1974 wurde sie entlassen. Vom August 1975 bis April 1976 befand sie sich neuerlich in stationärer Behandlung. Seit 1983 lebte die geistig

Verwirrte – sie nannte sich »Gräfin« oder »Kaiserin Sonja« – in einem Altenheim in Berlin-Pankow. Dort verstarb sie 1996. Etliche Medien hinderte das nicht zu behaupten, »die Stasi« habe sie in die »Zwangs-Psychiatrie« gesteckt.

Angeblich sei Sonja Lüneburg in die DDR gekommen, weil sie zu den dort lebenden Eltern wollte. (*Quick* 1991: »Die Mutter im Osten schreibt: Komm zu uns, komm zu deiner Familie zurück.«) In anderen Gazetten war es der Vater, der sie angeblich zum Umzug aufgefordert haben soll. Die Eltern lebten schon lange getrennt, zur Mutter hatte Sonja Lüneburg so wenig Kontakt wie zur Schwester. Das scheint wohl auch zu stimmen: Niemand meldete sich bei ihr, weder im Aufnahmelager noch später. »Sie starb still und im Dunkeln, so wie es lange um sie war«, schrieb *Bild* im gewohnt schlechten Deutsch, aber wohl sachlich zutreffend am 4. April 1996.

Ebenfalls wurde in der *Quick* 1991 davon berichtet, dass die Schwester bereits 1986 einen Bericht über das Verschwinden der »falschen« Sonja Lüneburg gelesen, aber aus Angst mit niemandem darüber gesprochen habe. Erst jetzt meldete sie sich bei der *Quick* am Breitscheidplatz im Westteil Berlins und vermittelte auch ein Treffen mit ihrer Schwester Sonja. Im Beitrag erfuhr der Leser, dass nach ihrer Entlassung aus dem Aufnahmelager ein freundlicher Herr Sonja Lüneburg eine kleine Wohnung beschafft und sogar den Koffer getragen habe. Was die Illustrierte allenfalls anriss: Dieser Herr war ein Mitarbeiter der Abteilung II der HV A, der sich um das Wohl und Wehe der Sonja Lüneburg kümmerte. Das tat er als Vertreter der Volkssolidarität. Die Unterstützung endete erst mit dem Ende der DDR und deren Auslandsaufklärung. Nun kann man gehässig einwerfen: So hielt die Stasi die echte Sonja lediglich unter Kontrolle. Das will ich nicht leugnen. Aber das ist nur die halbe Wahrheit. Die andere Hälfte: Die Aufklärung fühlte sich auch moralisch verantwortlich für eine alleingelassene, kranke Frau, deren Namen sie ungefragt benutzte.

Die echte Sonja Lüneburg befand sich erst seit kurzer Zeit in der DDR, als ich nach Westberlin in ihre Wohnung geschickt wurde. Diese lag im Wedding in unmittelbarer Nähe der Mauer: Koloniestraße 5. Ich meldete mich bei der Nachbarin und gab mich als Sonjas Freundin aus. Sie freute sich, dass endlich mal jemand nach ihr fragte. Frau Lüneburg sei einige Zeit schon weg, sie wisse auch nicht, wohin sie gegangen sei, sagte sie. Ich sagte, Sonja wäre Roger nachgereist und lebe in Frankreich. Von dort habe sie mich angerufen und gebeten, ihre offenen Verbindlichkeiten zu begleichen. Da sei irgendein Termin inzwischen fällig. Ich müsse nur die Unterlagen in ihrer Wohnung suchen. »Sie sollen den Schlüssel haben.«

Die redselige Nachbarin nickte. »Wann kommt sie denn wieder nach Berlin zurück?«

Ich hob lächelnd die Schulter. »So verknallt, wie die ist …«

»Jaja«, stöhnte die Frau, »Schulden hat sie, der Gerichtsvollzieher besucht sie regelmäßig. Aber sie hat ja auch nicht viel. Manchmal kriegte er nur fünf Mark.«

Ich nickte verständnisvoll. »Ich weiß.«

Hinter der Tür öffnete sich eine kleine Zweiraum-Wohnung, die nicht den Eindruck vermittelte, sie sei für immer verlassen worden. Blumen sah ich keine, die eventuell hätten vertrocknen können. Die Einrichtung war einfach, nichts Besonderes fiel ins Auge. In der Küche entdeckte ich merkwürdige Kritzeleien an der Wand. Die Wohnungsinhaberin hatte kleine Tiere in den Putz geritzt. Das wirkte reichlich infantil, doch Kinder waren wohl kaum die Schöpfer dieser dilettantischen Kunstwerke. Im Schubfach der Anrichte fand ich die Papiere. Mein Auftrag lautete, alle offenen Forderungen auszugleichen, um nicht später auffällig zu werden, weil meine Namensgeberin Sonja Lüneburg im Schuldenregister des Amtsgerichts Wedding eingetragen worden war.

Die Verbindlichkeiten beliefen sich auf etwa 3.000 DM, stellte ich nach Sichtung der Papiere fest.

»Haben Sie die Adresse des Gerichtsvollziehers?«

Die Nachbarin nannte sie mir, ohne nachzudenken. Der war im Hause wirklich Stammgast, dachte ich bitter und stopfte mir die Mahnungen, Mahnbescheide und -befehle in die Handtasche.

»Trinken wir noch einen Kaffee zusammen?«

»Warum nicht«, antwortete ich und warf einen letzten Blick in »meine« Wohnung, die ich nie wiedersehen würde.

Der Gerichtsvollzieher gab sich erfreut, dass sich jemand der Schulden von Sonja Lüneburg annahm, und nannte mir die Adresse des Amtsgerichts. Ich suchte dort die Zahlungsstelle auf. Zum ersten Male verspürte ich weiche Knie. Was erzählte ich denen, wenn die fragten?

Ich kannte den Kapitalismus noch nicht richtig.

Eine Behörde ist eine Behörde. Sie ist emotionslos. Ein Finanzbeamter sieht nur Geld, keine Schicksale. Er fragt nicht, woher das Geld kommt.

Leidenschaftslos zählte der Kassierer die Scheine nach, die ich ihm aufs Brett gelegt hatte, und quittierte den Empfang. Ich musste innerlich grienen: Das war Geld aus dem Ministerium für Staatssicherheit. Würde er auch so teilnahmslos bleiben, wenn er das wüsste? Pekunia non olet, würde er vielleicht sagen. So what, Geld ist Geld.

Die Hauptverwaltung Aufklärung des MfS hatte nunmehr die Westberliner Bürgerin Sonja Lüneburg entschuldet (was später übrigens nie erwähnt wurde). Das Amtsgericht strich sie aus der Schuldnerliste. Sie konnte ohne finanzielle Hypothek in ein neues Leben starten. Die Lüneburg in der DDR und die Lüneburg in der Bundesrepublik. Wir waren ein doppeltes Lottchen, ohne uns zu kennen.

Störte mich das? Nein. Ich schlüpfte in eine Rolle und nicht, wie später die *Quick* die »echte« Lüneburg mit Fingerzeig auf mich sagen ließ: »Diese Frau hat mein Leben gestohlen.«

Ich lieh mir für knapp zwei Jahrzehnte ihren Namen und ihre Biografie. Mehr nicht. Dass sie ein bedauernswertes Geschöpf war aufgrund ihrer Krankheit, will ich gern zugestehen. Doch ich habe weder ihre Identität geraubt noch sonst irgendetwas von ihr gestohlen. Ihre Krankheit schützte sie Gott sei Dank auch vor Überlegungen und Vorwürfen, zu denen sich andere später in ihrem Namen aufschwangen: Sonja Lüneburg hat von all dem nichts mitbekommen. Auch nicht, wie sie von den Postillen und Gazetten gegen mich, das MfS und letztlich gegen die DDR instrumentalisiert wurde.

Meine nächsten Schritte zielten auf die Verschleierung der Spuren von Sonja Lüneburg.

Anfang November reiste ich nach Frankreich hinüber, um von dort »meine« Abmeldung in Berlin zu beantragen. Am 15. November schrieb ich an das Einwohnermeldeamt, dass ich künftig meinen Wohnsitz in Frankreich zu nehmen gedenke. »Deshalb bitte ich, mich unter dem Datum 22. September 1966 aus dem Melderegister zu tilgen.«

Meine Reise mit fremden bundesdeutschen Papieren nach Strasbourg stand zunächst unter keinem glücklichen Stern. Ich sollte hinter der deutsch-französischen Grenze den Container öffnen, in dem die Lüneburg-Papiere versteckt waren, und meine aktuellen Reisedokumente vernichten. Doch die Techniker in Berlin hatten ganze Arbeit geleistet: Ich bekam die Spraydose einfach nicht auf. Hinter der Toilettentür auf dem Strasbourger Bahnhof wurde ich zunehmend nervöser. Die Fingernägel brachen, Blut floss, das Scheißding ließ sich partout nicht öffnen. Ich benötigte ein Messer oder Ähnliches, aber so etwas besaß ich natürlich nicht.

Die Toilettenfrau wummerte gegen die Türe. »Madame?« Erst fragend, dann zunehmend fordernd. Gut, dann eben nicht. Ich zog die Spülung und öffnete die Tür.

Wie abgesprochen fuhr ich mit der Bahn nach Colmar weiter und checkte als Sonja Lüneburg in einem kleinen Hotel an der Place Haslinger Nr. 3 ein. An der Rezeption verlangte man meinen Pass. Ich tat genervt und sicherte zu, sobald ich mich im Zimmer frisch gemacht und die Koffer ausgepackt habe, würde ich die Papiere vorbeibringen.

Das Fräulein hinterm Tresen hatte dafür Verständnis.

Oben auf dem Zimmer begann ich erneut, den Container mit dem Lüneburg-Ausweis, den unsere Fachleute in Berlin hergestellt hatten, zu öffnen. Ich fummelte mit Stielkamm und Nagelschere. Die Abdeckung saß fest wie Beton. Es dauerte nicht lange, und schon klopfte es an der Tür. Es war das Fräulein von der Rezeption.

»Madame, in etwa zehn Minuten kommt die Polizei und holt die Anmeldungen ab – ich muss bis dahin Ihren Pass haben. Anderenfalls bekomme ich Ärger.«

»Ja«, antworte ich ruhig. »Ich bringe die Papiere sofort.«

Endlich löste sich die Abdeckung. Ich zog mit spitzen Fingern das Dokument hervor. Das war knapp.

Ich ging hinunter zum Empfang, legte den Westberliner Behelfsausweis mit der Nr. 1436342 seelenruhig auf den Tresen und verabschiedete mich zu einem Spaziergang. In meiner Tasche trug ich Papierschnipsel. Ich hatte meine gefälschten Dokumente, mit denen ich durch die Bundesrepublik ins Elsass gekommen war, in winzige Teile zerrissen und begann nun, diese in kleinen Portionen auf die Papierkörbe Colmars zu verteilen. Damit brach ich die Brücken zu meinem ersten Leben ab. Nansen, der Polarforscher, hatte nach einer Expedition einmal gesagt, man müsse nach der Ankunft die Schiffe hinter sich verbrennen. Dadurch verlöre man weniger Zeit mit Umsehen. Was weg sei, sei eben weg. Ich verbrannte also gleichsam mein Schiff, mit dem ich bis hierher gekommen war.

Auf dem Briefbogen des Hotels schrieb ich den bereits erwähnten Antrag ans Berliner Einwohnermeldeamt. Die Bestätigung sollte man an die Hotel-Adresse im Briefkopf richten.

Da zu vermuten war, dass einige Tage ins Land gehen würden, ehe die Bestätigung eintreffen würde, verabschiedete ich mich zu einer »Rundreise«. Ich bat den Hoteleigner, eingehende Post für mich aufzubewahren. In zehn Tagen etwa wäre ich wieder da. Der freundliche ältere Herr wünschte mir einen angenehmen Aufenthalt im Elsass.

Den hatte ich. Ich konnte wieder unbeschwert meinem Drang nach Kultur und Kunst nachgehen. Als ich jedoch wieder in Colmar einkehrte, lag noch immer keine Antwort aus Westberlin vor.

Ich blieb ein, zwei Tage im Hotel und setzte meine »Rundreise« fort.

Allerdings reiste ich in Wirklichkeit nach Berlin zurück, denn meine Finanzen waren inzwischen vollständig aufgezehrt, Reserven gab es nicht.

*Stand ganz oben auf dem Besichtigungsplan von Johanna Olbrich: die Kathedrale von Colmar im Elsass*

Anfang Januar fuhr ich erneut nach Colmar. Zu meinem Entsetzen musste ich feststellen, dass das Hotel inzwischen geschlossen hatte. Ich erkundigte mich in der Nachbarschaft nach der Privatadresse des Besitzers und suchte ihn dort auf. Mein Gefühl hatte mich nicht getrogen. Er überreichte mir freundlich lächelnd die Amtspost aus Berlin. Ich bedankte mich höflich und wechselte noch einige Sätze mit ihm, ehe ich mich auf den Weg machte. Ich hatte Order, dass ich direkt nach Aschaffenburg fahren sollte, um die Spuren ein wenig zu verwischen, falls man später in meiner Vergangenheit grub.

In der bayerischen Stadt am Main blieb ich nur wenige Tage. Dann zog ich weiter nach Offenbach. Ich mietete als Sonja Lüneburg ein möbliertes Zimmer und meldete mich am 25. Januar 1967 in der Stadtverwaltung als Neubürgerin an. Als letzte Wohnadresse gab ich die Koloniestraße 5 an, wohl wissend, dass man in Berlin beim Einwohnermeldeamt nachfragen würde. Am gleichen Tage beantragte ich auch die Ausstellung von Ausweispapieren der Bundesrepublik. Mein Westberliner Ausweis hatte sich ja nunmehr erledigt, ich war mit meiner Anmeldung in Offenbach Bundesbürger geworden. Nach der üblichen Bearbeitungszeit bekam ich als Sonja Lüneburg ein neues, legales Dokument. Es trug die Registriernummer F 0329670.

»Anna«, wie mein Deckname bei der HV A lautete, war in der Bundesrepublik Deutschland ohne Komplikationen »angekommen«.

Nunmehr musste ich mir einen Job suchen. Ich war auf mich selbst gestellt und musste meinen Lebensunterhalt bestreiten, zumal ich das unauffällige Leben einer ganz normalen, ledigen Bundesbürgerin führen sollte. In jener Zeit suchte man allerorts nach Arbeitskräften, selbst im Ausland. Es waren die Jahre der sogenannten Gastarbeiter, die vornehmlich aus dem Süden Europas in die Bundesrepublik geholt wurden, um das »deutsche Wirtschaftswunder« am Laufen zu halten.

Ich reagierte auf eine Ausschreibung der Deutschen Automobil-Schutz- und Allgemeinen Rechtsschutz-Versicherung AG (DAS). Meine Bewerbung als Registratur- und Schreibkraft wurde umgehend beantwortet. Bereits im Februar 1967 nahm ich eine Tätigkeit im Schadenbüro Frankfurt auf.

Wie üblich hatte ich meinen Bewerbungsunterlagen einen Lebenslauf beigefügt. »Wahrheitsgemäß« informierte ich darüber, dass ich von 1931 bis 1939 in Berlin die Volksschule besucht und danach bis 1943 im väterlichen Friseurbetrieb eine Lehre absolviert hatte. Mit kurzzeitigen Unterbrechungen hätte ich, so schrieb ich weiter, bis 1965 in meinem erlernten Beruf gearbeitet. Diesen musste ich allerdings wegen eines allergischen Hautausschlages aufgeben.

Diesen »Schicksalsschlag« hatte ich mir deshalb ausgedacht, weil ich als Friseuse gänzlich ungeeignet war und mögliche Ansinnen von Kolleginnen, sie zu frisieren, auf diese Weise erfolgreich abzuwehren gedachte. Und natürlich verschwieg ich, einen Meisterbrief zu besitzen und einen Frisiersalon geführt zu haben. Dies hätte von einem Personalchef als Überqualifikation ausgelegt werden und unnötige Fragen provozieren können. Also erklärte ich lediglich, dass ich nach meiner Berufsaufgabe Grundkenntnisse im Maschinenschreiben und Stenografie erworben und verschiedene Aushilfstätigkeiten ausgeübt habe. Mein Versuch, in Frankreich Fuß zu fassen, wäre ebenso wenig von Erfolg gekrönt gewesen wie ein Neuanfang in Aschaffenburg.

Die mir zugewiesene Arbeit war mehr als simpel und wurde mit 480 DM netto bezahlt. Sie langte, um eine kleine Wohnung zu unterhalten. Ich wohnte zur Untermiete und teilte mir mit der alleinstehenden Vermieterin, die eine auffällige Zuneigung zu südländischen Besuchern auslebte, Küche und Bad. Als ich jedoch mit Ekel feststellte, dass wir beide die Badewanne auch mit ihrem Hund teilten, zog ich es vor, künftig für meine Körperhygiene die öffentliche Badeanstalt zu nutzen.

So gingen die Wochen und Monate ins Land, ohne dass ich wusste, was Berlin mit mir vorhatte. Ich lebte ohne erkennbare Perspektive. Hatte man mich in Berlin vergessen? Im späten Frühling 1967 reiste ich hinüber, um zu fragen, wie es denn nun mit mir weitergehen sollte.

Mein Führungsoffizier gab sich gelassen und selbstsicher wie immer. Diese Haltung kannte ich auch von anderen in der HV A. Ihre Selbstgewissheit schien unerschütterlich. Man tat stets, als habe man einen ungetrübten Überblick und alles im Griff.

Ich gebe zu, dass dies vornehmlich dem von außen Kommenden ein gutes Gefühl der Beruhigung gab. Man musste sich keine Sorgen machen, auf verlorenem oder gar vergessenem Posten zu kämpfen. Psychologisch war das ganz wichtig. Dass dies allerdings auch eine Kehrseite hatte, sollte sich erst spät erweisen: Absolutes Vertrauen führte auch zu einer gewissen Betriebsblindheit. Zweifel wurden mit historischem Optimismus unterdrückt : Das wird schon werden!

Ingolf Freyer meinte, ich solle in Frankfurt kündigen und nach Hamburg ziehen. Dort arbeite eine Quelle, mit der es Probleme gäbe. Die solle ich überprüfen. Danach bekäme ich neue Anweisungen über einen Instrukteur.

Ich fuhr nach Offenbach zurück und kündigte bei der DAS zum 30. Juni 1967. Als Begründung gab ich an, in Hamburg einen Freund zu haben. Wir wollten zusammenziehen. Die Firma nahm meine Kündigung nicht an. Man wolle auf meine Mitarbeit nicht verzichten, hieß es. Ob ich mir nicht vorstellen könnte, in Hamburg für sie zu arbeiten? Außerdem könnte man ja über meine Perspektive nachdenken, schließlich sei man mit meiner Leistung sehr zufrieden.

Warum nicht, meinte ich geschmeichelt.

Ab 1. August 1967 war ich Registraturkraft im Schadenbüro Hamburg.

Bei der Quelle handelte es sich um einen kleinen CDU-Funktionär. Er hatte in der DDR gesessen, war dort vom MfS als IM geworben und schließlich nach Hamburg geschickt worden. In der CDU hatte er nichts zu bestellen, es sah auch nicht so aus, als würde er in seiner Partei Kariere machen. Der Mann war sehr einfach gestrickt und nicht besonders intelligent. Die Quelle war also nicht sonderlich ergiebig. Überdies war sie auch nicht verlässlich.

»Anna« sollte der Sache auf den Grund gehen.

Ich meldete mich bei ihm als Instrukteur aus Berlin. An dem Gespräch nahm auch seine Frau teil, die über die geheimdienstliche Einbindung ihres Mannes im Wesentlichen informiert schien. Das Gespräch war unergiebig. Allerdings glaubte ich bei der Frau ein hohes Maß an Unzufriedenheit zu verspüren, sie wirkte, um es kurz zu machen, unbefriedigt.

Ich verabredete mich mit ihr, um einmal »von Frau zu Frau« mit ihr zu sprechen. Der Kaffeeklatsch bestätigte meinen Verdacht. Die Ehe bestand nur noch auf dem Papier, die Frau erwog die Scheidung. Ihr Mann, so schilderte sie mir unter Tränen, sei zum Vollzug des Aktes entweder nicht mehr willens oder nicht mehr fähig. Er befriedige sich nur selbst und verlange, dass sie dabei zusehe.

Offen gestanden: So tief wollte ich nun doch nicht schauen, ich hätte mich bei meiner Überprüfung der Quelle mit weniger intimen Details zufriedengegeben. Doch auch solche Peinlichkeiten konnte passieren, wenn man »von Frau zu Frau« sprach. Für mich stand danach fest, dass Berlin die Quelle besser »abschalten« sollte. Es würde nichts bringen, die Verbindung aufrechtzuerhalten.

Bei meinem dritten Gespräch mit den beiden teilte ich das auch mit: Wir kennen uns nicht, wir haben uns nie gesehen, sie hatten nie Verbindung mit Berlin.

Ich meinte, Erleichterung bei beiden zu sehen.

Trotzdem hatte ich unverändert den Verdacht, auch diese Aufgabe sei nur eine Übung gewesen. Ich wurde das Gefühl nicht los, die Genossen hätten mich ins Operationsgebiet, wie die Bundesrepublik im HV A-Deutsch hieß, geschickt, ohne konkrete Vorstellungen zu haben, was sie dort mit mir anfangen wollten. Alles deutete auf Beschäftigungstherapie, jeder Auftrag schien Selbstzweck. Ich entschlüsselte Funksprüche via Rundfunk, legte Tote Briefkästen im Stadtpark und in Interzonenzügen an, befestigte in den rollenden Toiletten unter dem Waschbecken mit Magneten kleine Päckchen und markierte den Waggon. Alles nur Beschäftigung, dachte ich.

Sogar die Weisung, die Fahrerlaubnis zu machen, empfand ich so.

Ich war 40 Jahre alt, kein junger Hüpfer und gänzlich frei von revolutionärer Ungeduld. Doch warten, ohne zu wissen worauf, belastete und frustrierte auf Dauer. Ich hatte in der DDR eine mich fordernde Tätigkeit. Sie befriedigte mich, weil sie Sinn hatte. Ich sah deren Wert, und ich sah eine Perspektive für mich. Hier aber wurstelte ich vor mich hin. Ich hangelte mich von Tag zu Tag, von Woche zu Woche. Nahm bei der Versicherung die Meldungen von Autounfällen entgegen, registrierte Blech- und Personenschäden. Nichts dagegen zu sagen: Auch das war nötig und musste erledigt werden. Doch für unsereinen war das nichts. Ich wollte doch etwas mehr vom Leben.

Offenkundig blieb das der Geschäftsführung der DAS nicht verborgen. Ich bekam plötzlich Aufgaben angetragen, die nicht in die Registratur fielen, etwa Jahresabrechnungen und dergleichen. Zum 1. Oktober 1968 berief man mich als Stellvertretende Leiterin des Schreibbüros.

Ein schwacher Trost, aber immerhin ein Trost.

Zwei Tage später beantragte ich einen Reisepass. Ich legte meinen Ausweis vor, den ich im Vorjahr in Offenbach ausgestellt bekommen hatte, und erhielt anstandslos einen bundesdeutschen Pass. Er trug die Nr. C 3156390.

Mit Ausweis, Führerschein und Pass war ich nunmehr ein vollwertiger Bundesbürger. Zur Vollständigkeit gehörte auch ein Mann. Den gab es nur in meinen Erzählungen gegenüber Arbeitskollegen und Vermietern. Das Phantom hieß »Hans«. Ich traf mich mit ihm vorzugsweise an den Wochenenden außerhalb Hamburgs in Hotels auf dem Lande oder an der See, weshalb ich dann meiner Wohnung fernblieb. Er lieferte stets die Begründung für meine gelegentliche Abwesenheit, wenn ich mich mit einem Kurier oder Instrukteur aus Berlin traf oder selbst hinüberreiste. Um die Glaubwürdigkeit zu erhöhen, bekam ich einmal auch einen Heulkrampf auf Arbeit. Hans, der Filou, hatte mich mit einer anderen betrogen, und ich erwog ernsthaft, ihm den Laufpass zu geben. Doch zur Freude der Kolleginnen – und natürlich auch meiner eigenen – renkte sich alles wieder ein.

Die Vermieter gaben zuweilen ihrer Verwunderung Ausdruck, dass ich nie privat Post erhielt. Sie gaben sich dann mit der Auskunft zufrieden, mir würde alles in die Firma zugestellt werden.

In Hamburg wohnte ich zunächst für ein halbes Jahr Barenkrug Nr. 60, danach verzog ich in die Kieler Straße 698. Der Wechsel war nötig geworden, weil der erste Vermieter Kontakte zu Kommunisten unterhielt. Das machte ihn mir zwar sympathisch, war aber nicht gut für meine Sicherheit. Angesichts des hierzulande herrschenden Antikommunismus gerieten solche Leute – und damit ihr Umfeld – über kurz oder lang ins Visier des Verfassungsschutzes. Darum musste ich solche Nähe meiden. In der Kieler Straße sollte ich anderthalb Jahre zubringen. Ich meldete am 25. Juli 1969 die Wohnung ab. Der Grund war meine »Abkommandierung« nach Bonn.

In der Bundesrepublik regierte seit 1966 eine Große Koalition aus CDU/CSU und SPD, nachdem die

*Bundeskanzler Kurt Georg Kiesinger (CDU) und Vizekanzler und Außenminister Willy Brandt (SPD) vor der Deutschlandkarte von 1937*

FDP-Minister aus der unionsgeführten Regierung ausgetreten waren. Kanzler Ludwig Erhard musste zurücktreten, und Kurt Georg Kiesinger bildete ein neues Kabinett – mit SPD-Ministern. Im September 1969 standen planmäßig Wahlen zum neuen Bundestag an. Über Kurier bekam ich im März Order, mich an den Rhein zu begeben. Ich war wie elektrisiert. Jetzt, so spürte ich, wurde es ernst. »Anna« wurde endlich wachgeküsst. Am 15. März kündigte ich fristgemäß zum 31. Mai bei der DAS. Ich gab an, die Pflege eines kranken Verwandten – den Vater meines imaginären Freundes Hans – übernehmen zu müssen, weshalb ein Umzug nach Köln unausweichlich sei.

Die Zentrale hatte in Erfahrung gebracht, dass erstmals nach dieser Wahl jedem Bundestagsabgeordneten bezahlte Mitarbeiter zur Verfügung gestellt werden würden. Bis dato hatte jeder Abgeordnete selbst für

Anstellung und Entlohnung seiner Mitarbeiter Sorge tragen müssen. Daraus schloss man in Berlin, dass es bald einen erhöhten Bedarf an technischen Kräften im Bundestag geben dürfte.

Ich schaltete im Bonner *Generalanzeiger* kurz vor der parlamentarischen Sommerpause zweimal eine Anzeige, in der ich mich als Sekretärin anbot, die auf der Suche nach einem neuen Betätigungsfeld war.

Mit den ungeöffneten Umschlägen – ein knappes Dutzend Briefe waren eingegangen – fuhr ich nach Berlin. Dort sortierte man die beiden Offerten aus dem Bundestag aus und entschied sich für das Angebot eines William Borm. Der Bundestagsabgeordnete, der zugleich Landesvorsitzender der FDP in Westberlin war, ging von seiner Wiederwahl aus und signalisierte, dass er eine Sekretärin brauche.

»Du bewirbst dich bei ihm«, sagte man in Berlin. Der andere MdB, ein im sozialpolitischen Bereich tätiger CDU-Politiker, sei uninteressant. Außerdem wäre es dort schwerer als bei den Liberalen, jemanden unterzubringen. Aus sicherheitspolitischer Sicht wäre die FDP »ein Sauhaufen«, meinte mein Führungsoffizier. Für uns sei das natürlich von Vorteil.

Was er mir aber nicht sagte: Borm selbst arbeitete bereits für die HV A. Doch ich will nicht ausschließen, dass jene, die mich auf seine Fährte setzten, über diese Anbindung nicht informiert waren. Das gehörte ja zur Konspiration: Über Kontakte waren nur jene informiert, die sie unterhielten, und deren unmittelbare Vorgesetzten. Daher glaube ich nicht, dass ich an Borm herangeschleust werden sollte, um diesen zu kontrollieren. Da er jedoch von der gleichen HV A-Abteilung II (»Parteien und Massenorganisationen der

BRD«) geführt wurde wie ich, will ich im Nachhinein diese Möglichkeit nicht gänzlich ausschließen.

Damals jedoch war es mir weder bekannt noch interessierte es mich. Die Struktur der Hauptverwaltung Aufklärung war für mich ohne Belang. Und auch der 1987 verstorbene Borm hat von meiner Anbindung nichts gewusst, zumindest gibt es darauf keinen Hinweis.

Ich schickte, nachdem die Entscheidung in Berlin getroffen worden war, meine Bewerbungsunterlagen an das Büro Borm. Darunter war auch ein Reifezeugnis der Lietzensee-Schule in Berlin-Charlottenburg vom 17. März 1943, die Sonja Goesch, verheiratete Lüneburg, jedoch nie besucht hatte.

Die Experten in der Zentrale hatten wirklich gute Arbeit geleistet.

Im Juni 1969 erbat ich einen Termin für ein persönliches Vorstellungsgespräch. Es fand in Borms Büro im »Langen Eugen«, dem Turm mit den Abgeordnetenbüros in der Nähe des Bundestages, statt. Ich lernte Borm als einen sehr höflichen, kultivierten und sympathischen Herren kennen, mit dem ich glaubte, gut zusammenarbeiten zu können. Vielleicht ging es ihm ebenso. Das Einstellungsgespräch war recht kurz. Er war sehr schnell zu einer für mich positiven Entscheidung gekommen. Ich machte ihn noch auf mein Alter aufmerksam. Aber er sagte nur: »Wenn Sie jünger wären, hätte ich Sie nicht eingestellt.«

Am 1. Juli 1969 nahm ich meine Tätigkeit bei MdB/FDP William Borm auf. Dieser schied am Ende der Legislaturperiode aus dem Bundestag aus, als im November 1972 Neuwahlen anstanden, trat er nicht noch einmal an.

Nachdem ich mich zunächst in Porz bei Köln in einer kleinen Pension eingemietet hatte, bezog ich im August eine Wohnung im Bonner Talweg 137. Dort blieb ich bis zum Frühjahr 1972. Danach mietete ich mich für zwei Jahre in Bornheim in der Pohlhausenstraße 16 ein. Und vom März 1974 bis zu meiner Rückkehr in die DDR lebte ich in der Steinstraße 21 zu Bonn. Das war eine schöne Zweieinhalb-Zimmerwohnung in der Nähe der Rheinfähre nach Bonn-Oberkassel. Die Wohnung behielt ich auch in jener Zeit, als ich später in Brüssel im Europaparlament für Martin Bangemann arbeitete. In der belgischen Hauptstadt leistete ich mir lediglich ein Zimmer in einem Appartementhaus.

Wegen des Wechsels nach Bonn bekam ich auch einen neuen Führungsoffizier, in den nächsten zwölf Jahren war für mich »Toni« zuständig. Mit ihm verband mich eine langjährige und verlässliche Zusammenarbeit. Er war ein exzellenter Analytiker, der schon viele Jahre die FDP bearbeitet hatte und dadurch tiefgründige Kenntnisse über die Partei besaß. Manchmal mussten wir herzlich lachen, wenn der Eindruck aufkam, dass er selbst zu einem Liberalen geworden war. Dann erinnerte ich ihn daran, dass ja die Liberalen auch die Träger des kapitalistischen Systems seien und wohl in der Mehrheit nichts anderes wollten.

Mit Toni und Ingolf studierten wir viele Jahre die Politik der FDP in ihrer Rolle als Mehrheitsbeschaffer im Bundestag – in der Regierung wie auch in der Opposition.

Im Sommer 1976 stellte Ingo Freyer mir einen weiteren Mitarbeiter – »Ewald« – vor. Er sollte sich über einen längeren Zeitraum in unsere Aufgaben einarbeiten, um dann später meine Betreuung allein zu übernehmen. »Ewald« war jung und sympathisch, ich glaubte, mit ihm gut zusammenarbeiten zu können.

Zunächst nahm Toni unsere Treffen im Ausland noch mit wahr. Ewald erarbeitete die Pläne und Unterlagen, wertete die Informationen aus und organisierte das Verbindungssystem. Ab 1979 übernahm er dann die alleinige Führung, einschließlich der Treffs in den verschiedenen Ländern.

# Arbeit für William Borm

Nach dem angenehmen Vorstellungsgespräch nahm ich vereinbarungsgemäß am 1. Juli 1969 meine Tätigkeit als Sekretärin auf. Über Borm wusste ich zu jener Zeit sehr wenig, ich kannte nur seine Funktion. Erst nach meiner Rückkehr in die DDR erfuhr ich, dass er 1950 bei uns verhaftet und wegen »Kriegs- und Boykotthetze« zu einer zehnjährigen Gefängnisstrafe verurteilt worden war. Nach seiner Entlassung 1959 und seiner Flucht in den Westen schlug er eine politische Laufbahn ein. Er stieg rasch zum Landesvorsitzenden der Westberliner FDP auf, kam 1963 in das Berliner Abgeordnetenhaus und 1965 in den Bundestag. Seine Partei wählte ihn in den Bundesvorstand der FDP und schickte ihn 1971 ins Europa-Parlament.

Als Alterspräsident eröffnete er 1969 schließlich den Bundestag.

Als Sekretärin bearbeitete ich seine Post, organisierte seine Termine und betreute seine Gäste. Auch wurde ich zur Ausarbeitung von Reden und Artikeln hinzugezogen. Aufgrund meiner Vorbildung, die er allerdings nicht kannte, fiel mir das nicht besonders schwer. Auch manche persönliche Angelegenheit musste ich für ihn erledigen. Ab und zu habe ich ihn mit dem Auto kutschieren dürfen, obwohl er eigentlich ganz gern selber fuhr – er besaß ein schnelles Auto. Manchmal habe ich auch einen kleinen Imbiss für ihn zubereitet. Er bevorzugte Spiegeleier, die aber immer etwas labbrig sein mussten.

Zwischen William Borm und mir entwickelte sich rasch ein vertrauensvolles Verhältnis. Sicher trug dazu bei, dass ich alsbald in die FDP eintrat.

Von vielen wurde er »Sir William« genannt, was ihn trefflich charakterisierte. Er war stets höflich, korrekt und kontrolliert, ich erlebte nie, dass er aus der Rolle fiel.

Borm war Mitglied des Ausschusses für innerdeutsche und auswärtige Angelegenheiten und gehörte zu jenen acht Bundestagsabgeordneten, die von der Bundesregierung vertraulich über die Vertragsverhandlungen mit der Sowjetunion, der VR Polen und der DDR unterrichtet wurden. Er diktierte mir Protokolle über diese Ausschusssitzungen, sprach aber auch über die Diskussionen in den Parteigremien oder mit anderen Politikern, so dass ich viel über das Vorgehen der Bundesregierung in den einzelnen Verhandlungsrunden erfuhr.

Gerade zu dem Zeitpunkt, als ich meine Arbeit aufnahm, begannen die der Entspannung dienenden Gespräche zwischen der Bundesrepublik und den sozialistischen Staaten. Schließlich wurden 1970 die ersten Verträge mit der Sowjetunion und der VR Polen abgeschlossen. 1971 folgten die Verhandlungen mit der DDR zu Fragen des Transitverkehrs und vor allem über die Grundlagen der Beziehungen zwischen den beiden deutschen Staaten.

Ich suchte Gespräche mit anderen Kollegen. Deshalb lud ich regelmäßig andere Mitarbeiter oder Sekretärinnen zu einer Tasse Kaffee in mein Büro ein. William Borm hatte nichts dagegen, im Gegenteil, er setzte sich sehr gern dazu, diskutierte mit und lieferte dabei auch Kommentare zu aktuellen politischen Ge–

schehnissen. Natürlich gab es dabei den überall üblichen Klatsch, Beschwerden anderer Mitarbeiter über ihre Chefs, aber ich erfuhr dabei auch so manches Detail und Meinungen verschiedener Spitzenpolitiker sowohl der FDP als auch anderer Parteien zu politischen Fragen.

Die Arbeit für Borm brachte es mit sich, dass ich selbst auch direkte Kontakte zu anderen Politikern und deren Mitarbeitern erhielt, aus denen ich essenzielle Informationen gewann. Die Zentrale war insbesonderere daran interessiert zu erfahren, welche Haltung führende Politiker zur DDR und zur Ostpolitik von Brandt/Scheel einnahmen, und ob sich dort für uns Anknüpfungspunkte finden ließen.

Und mir blieb nicht verborgen, dass es innerhalb der regierenden FDP zwei Strömungen gab, die sich beharkten. Da waren zum einen jene Kräfte, die wir die Progressiven nannten, weil sie die Brandt-Linie unterstützten und für Liberalität im positiven Sinne standen. Und da gab es die konservativen Kräfte, denen die CDU wesentlich näher war als die SPD, weshalb sie lieber heute als morgen die Seiten wechseln und sich ins Unionslager begeben wollten.

Borm selbst hatte ein gutes Verhältnis zum Kanzler, was aus der Zeit rührte, als Brandt Regierender Bürgermeister von Berlin und er Landesvorsitzender der FDP war. Borm war in gewissem Sinne Nationalpatriot und vertrat die Auffassung, dass sich beide deutsche Staaten von ihren jeweiligen Führungsmächten emanzipieren müssten. Dafür sah er in Brandts Brückenschlag nach Osten gute Voraussetzungen. Eine eigenständige Deutschlandpolitik würde für eine Annäherung der beiden deutschen Staaten sorgen. Diese strategische Ausrichtung – in den 60er Jahren als »Wandel durch Annäherung« durch Egon Bahr, Brandts enger Mitarbeiter schon in Berlin, formuliert – schien Borm eine realistische, vernünftige Option.

Das erklärte auch, weshalb er, obgleich er doch ein »offenes Haus« pflegte, sich nicht mit stockkonservativen, reaktionären Kollegen abgab. Zu jenen rechnete er Erich Mende, der von 1960 bis 1968 FDP-Vorsitzender und im Kabinett Erhard Vize-Kanzler gewesen war. In der Nazizeit war ihm als Berufsoffizier in den letzten Kriegstagen noch das Ritterkreuz verliehen worden, welches er auch als Bundesminister gelegentlich demonstrativ in der Öffentlichkeit trug. Allein das zeigte, wes Geistes Kind er war. Mende verließ im Oktober 1970 aus Protest gegen Brandts Ostpolitik zunächst die FDP-Fraktion und dann auch die Partei, um sich der CDU anzuschließen, für die er bis 1980 im Deutschen Bundestag sitzen sollte. Der schneidige Ritterkreuzträger gehörte seit 1949 ununterbrochen dem Parlament an und war ein typisches Beispiel für die politische Kontinuität und Denkungsart großer Teile der politischen Klasse in Westdeutschland.

Mit solchen Leuten hatte Borm, inzwischen Mitte 70, nichts am Hut, sie waren ihm merklich zuwider, mit ihnen gab er sich nicht ab. Hingegen pflegte er enge Beziehungen zu Gerhart Baum, der fast vierzig Jahre jünger war. Borm war mit Baums Mutter befreundet. Gerhart Baum gehörte seit 1966 der FDP-Führung an, kam aber erst 1972 in den Bundestag, als Borm diesem nicht mehr angehörte.

Baum wurde dem linksliberalen Freiburger Kreis zugerechnet, der sich – ich greife der Geschichte ein wenig vor – nach dem FDP-Parteitag 1971 gebildet hatte. Dort, auf jenem Parteikonvent, waren Thesen verabschiedet worden, die unter Federführung des Generalsekretärs Karl-Hermann Flach erarbeitet wurden: Sie sollten das Profil der Partei für die 70er Jahre bestimmen. Diese Freiburger Thesen legten die FDP auf einen reformorientierten sozialen Liberalismus fest, mit denen sich die neue Generation in der Partei von den Fesseln der Vergangenheit befreien wollte. Das gelang nur bedingt, wie wir aus der Geschichte wissen: Zu Beginn der 80er Jahre setzten sich die konservativen Kräfte um Genscher durch und wechselten ins Lager der Union. Seither ist die FDP Wurmfortsatz der CDU, was den bis heute andauernden Bedeutungsverlust und Niedergang der Partei erklärt.

Als ich bei Borm zu arbeiten begann, wurde gerade die strategische Ausrichtung der FDP heftig diskutiert, woran mein Chef aktiv beteiligt war. Ich hatte sehr viel Papier für die Zentrale in Berlin zu verarbeiten. Manche Dokumente nahm ich über Nacht mit nach Hause, um sie zu sichten, von anderen fertigte ich Kopien. Wichtige mündliche Informationen nahm ich auf und fotografierte die Notizen. Dafür nutzte ich eine Spezialkamera, die dann aber irgendwann zurückgezogen wurde. (Jahrzehnte später schickte Markus Wolf einen Sammler zu mit, der von mir technische Details über diese Kamera wissen wollte und ein Autogramm von mir erbat. Diese Bitte konnte ich ihm erfüllen, bei der Kamera musste ich die Hände heben.)

Später benutzte ich handelsübliche Fotoapparate, zuletzt eine Minox. Die dafür erforderlichen Dokumentenfilme lieferte mir die Zentrale per Kurier, denn bei meinem hohen Verbrauch wäre ich beim häufigen

Kauf gewiss aufgefallen, zumal es diese Filme nicht in jeder Drogerie gab. Die belichteten Filme übernahm ein Kurier, der in der Regel einmal im Monat vorbeischaute. Dann nutzten wir einen Toten Briefkasten in einer Toilette eines sogenannten Interzonenzuges: So hießen die Züge – meist der Deutschen Reichsbahn der DDR –, die zwischen West und Ost verkehrten. Sie waren ein sicheres Transportmittel, weil sie in der Bundesrepublik kaum kontrolliert wurden.

Ein gut funktionierendes Verbindungswesen ist das A und O einer erfolgreichen Agententätigkeit, zugleich aber auch deren Achillesferse. Darum wurden Materialübergaben und Treffs minutiös vorbereitet. Die Konspiration konnte über einen sehr langen Zeitraum gesichert werden, anderenfalls wären wir nicht so erfolgreich gewesen. Aber es gab natürlich auch Pannen.

Mit Berlin hatte ich ein Treffen mit Genossen aus der Zentrale im jugoslawischen Split vereinbart. Ich machte Urlaub in der Nähe von Pescara in Italien. Zwei Tage vor dem Treff fuhr ich, gleichsam als Generalprobe, mit der Fähre hinüber nach Split – und traf an Bord einen Ex-Mitarbeiter von Borm und dessen Freundin. Der erkannte mich natürlich, was kein Malheur war. Ich gab vor, mir in Split altgriechische und altrömische Bauten ansehen zu wollen. Was ich auch ausgiebig tat. Der ehemalige Kollege reiste weiter in den Süden Kroatiens.

Zwei Tage später, begründet besorgt, dass mir erneut ein Bekannter vor die Füße laufen könnte, fuhr ich wieder mit der Fähre hinüber und fand mich zum vereinbarten Zeitpunkt am festgelegten Ort ein. Doch niemand erschien.

Ich nahm auch den üblichen Reservetermin wahr. Fehlanzeige.

Rätselnd verbrachte ich die restlichen Urlaubstage in Italien und kehrte dann unverrichteter Dinge an meinen Arbeitsplatz in Bonn zurück. Dort sollte ich auch den Grund erfahren: Die drei Genossen waren nach Mailand gereist und hatten dort, natürlich, vergeblich auf mich gewartet, während ich in Split ihrer harrte. So blöd konnte man gar nicht denken: Die Zentrale hatte den Treffort verlegt und vergessen, mich darüber zu informieren. So hatte sich die Konspiration mal wieder selbst ein Bein gestellt.

Nun ja, die drei Berliner waren nicht sonderlich über ihre unnötige Dienstreise nach Mailand betrübt: Sie waren mal wieder rausgekommen …

Ein andermal begab ich mich auf die bereits erwähnte Nordroute, um einen kurzen Abstecher nach Berlin zu machen. Ich fuhr, wie üblich, mit meinem Fiat Panda nach Kopenhagen und stellte ihn dort auf einem bewachten Parkplatz ab. Vorsichtshalber informierte ich den Parkplatzwächter, dass ich mit einigen Freundinnen eine Ostsee-Rundfahrt machen würde: Das Auto stünde darum einige Tage hier, er müsse also nicht gleich nach der Polizei rufen, alles habe seine Ordnung.

Bei meiner Rückkehr stellte ich entsetzt fest, dass die Seitenscheibe eingeschlagen war und der Lack sichtbare Schrammspuren aufwies. Der Wächter sagte, es habe eine Auseinandersetzung zwischen der Polizei und einer Diebesbande gegeben, das wären die Folgen. Die dänische Polizei habe – in der Annahme, das Auto gehöre den Ganoven – den Fiat abtransportieren wollen, um ihn von der Kriminaltechnik untersuchen zu lassen. Das habe er verhindern können, denn er konnte ja erklären, wem das Auto gehöre.

Mir fiel ein Stein vom Herzen. Natürlich hatte ich nichts Verfängliches im Fahrzeug, doch wenn der Pkw erst einmal auf dem Polizeihof stand, wurden auch die Daten über den Halter ermittelt, es hätte Rückfragen bei der deutschen Polizei gegeben und so weiter. So wäre ich unweigerlich in die große Überprüfungsmühle geraten: Und das musste auf jeden Fall verhindert werden.

William Borm war ein großzügiger Chef in jeder, also auch in nachrichtendienstlicher Hinsicht. »Was ich Ihnen diktiere, kann jeder lesen«, sagte er, was natürlich angesichts meiner zweiten Profession sehr doppeldeutig war. Borm meinte damit, dass er stets mit offenen Karten spiele und keine Geheimnisse habe. Die intriganten Kungeleien in Hinterzimmern, das konspirative Strippenziehen waren ihm wesensfremd.

Die Dokumente, die mich auch interessierten, befanden sich in seinem verschlossenen Zimmer in einem gleichfalls versperrten Schrank. Ich besaß die Büroschlüssel, und wo die Schlüssel für den Schrank lagen, wusste ich. Das alles stellte also kein Hindernis dar.

Nachdem ich 1985 in die DDR zurückgekehrt war, wurde auch der inzwischen 90-jährige William Borm vernommen. Er erklärte, dass er mir niemals geheime Unterlagen zugänglich gemacht habe – was die reine Wahrheit war. Ich hätte auch nie Anstalten gemacht, ihn diesbezüglich auszufragen, was ebenfalls zutraf. Im Nachgang wurde mir natürlich bewusst, dass er damit auch sich selber schützte. Aus Veröffentlichungen von Markus Wolf erfuhr ich erst in den 90er Jahren, dass Mischa sich wiederholt mit Borm getroffen hatte. Dieser arbeitete seit Ende der 50er für uns – aus Überzeugung, er hielt die Idee des Sozialismus für richtig.

Bis zum Ende der DDR, also über Borms Tod 1987 hinaus, blieb dies ein Geheimnis. Erst als die MfS-Akten offenlagen, bekam die Gegenseite davon Wind. Das Ehrengrab auf dem Städtischen Friedhof in Berlin-Zehlendorf, das dem Träger des Großen Bundesverdienstkreuzes mit Stern zuerkannt worden war, wurde 22 Jahre nach seinem Tod per Senatsbeschluss aufgehoben. Damit schlug die politische Klasse der Bundesrepublik zurück.

Manche Beobachtung, die ich damals machte, erhielt erst später ihren Sinn. So »warnte« er mich vor Herbert Willner, einem Mitarbeiter der Presseabteilung der FDP-Bundesgeschäftsstelle. Von ihm und dessen Frau, die nicht einmal der FDP angehöre (!), solle ich mich besser fernhalten. Der Hinweis wurde nicht begründet, ich nahm ihn zur Kenntnis und fragte nicht nach. Wie sich später zeigte, war Willner von der gleichen Firma geschickt worden, für die Borm, ich und noch etliche andere in Bonn arbeiteten. Ich bin mir nicht sicher, ob Borm etwas von Willners Anbindung wusste und mit seinem Hinweis verhindern wollte, dass wir Kontakt aufnahmen, der uns objektiv belastete. Vielleicht erfolgte die Bemerkung auch nur intuitiv, ich weiß es nicht. Jedenfalls arbeiteten seit 1969 mindestens drei Personen aktiv in der FDP-Zentrale in Bonn für die DDR-Aufklärung, ohne dass sie voneinander wussten. Und ohne, dass sich die Zentrale in Berlin besonders für diese Partei interessierte. Deren

Hauptaugenmerk, so schien mir, galt der SPD und der CDU.

William Borm schied 1972 aus dem Bundestag aus, er kandidierte nicht wieder. Er stellte mir ein sehr gutes Zeugnis aus, das er 1985 in seiner Vernehmung wiederholte: »Eine bessere Sekretärin hätte ich nie kriegen können. Sie bestach durch Fleiß, Zuverlässigkeit, selbständiges Arbeiten und gutes Sprachgefühl. Sie war immer gepflegt, von heiterer Aufgeschlossenheit und steter Hilfsbereitschaft.«

Ursprünglich wollte mich Borm nach seinem Ausscheiden aus dem Bundestag weiter beschäftigen, was aber irgendwie nicht ging. Als ich darum das Angebot der Bundesgeschäftsstelle der FDP annahm, war er betrübt und erleichtert zugleich. Ich hatte jedenfalls eine Arbeit und damit ein Einkommen.

*William Borm und Markus Wolf in Berlin, 1983. Auch er arbeitete für die DDR-Aufklärung*

In der Bundesgeschäftsstelle registrierte ich, wie der Alt-Liberale Borm, das »Urgestein« der Partei, nunmehr ohne Mandat – sah man einmal vom Ehrenvorsitz der Berliner FDP und von der Mitgliedschaft im FDP-Bundesvorstand ab – systematisch politisch gemobbt und ins Abseits geschoben wurde. Hinter diesen Ausgrenzungsbestrebungen steckten insbesondere kalte Krieger aus seinem Landesverband, die ihre Frontstadtmentalität nicht verloren hatten. Denen passte Borms politische Haltung gegenüber der DDR und der Ostpolitik Brandts nicht. Dies sollte bis zu seinem Parteiaustritt führen. Borm verließ 1982 die FDP, als diese durch den Übertritt in Kohls Lager den Regierungswechsel ermöglichte.

Symptomatisch für den distanzierten Umgang mit Borm war dessen 80. Geburtstag am 7. Juli 1975. Ich arbeitete damals bereits für Dr. Martin Bangemann, zu jener Zeit Generalsekretär der FDP. Das Jubiläum schien der Partei keine Feier wert. Ich erinnerte mich, dass Gerhart Baum zu Bangemann kam und ihn bewegen musste, Borm namens der Partei zu gratulieren. William Borm war den Liberalen offenkundig zu liberal.

Gegenüber Herbert Häber, so jedenfalls ist von dem Leiter der Westabteilung im ZK der SED überliefert, soll Borm im Oktober 1979 erklärt haben, dass er trotz der neun Jahre Haft, die er in den 50er Jahren zubringen musste, gegenüber der DDR keinen Groll hege. Jene Zeit habe ihn reifen lassen. Auch wenn ihn persönlich das Maß der Verwirklichung der sozialistischen Idee in der DDR nicht befriedige, so halte er den eingeschlagenen Weg für richtig. Das, mit Verlaub, *musste* er nicht sagen. Er tat dies aus freien

Stücken, weil es seiner inneren Überzeugung entsprach, er biederte sich – im Unterschied zu aktiven Politikern der Bundesrepublik – in Berlin nicht an und hatte es nicht nötig, den führenden Genossen zum Munde reden. Er war ein freier Mann, der souverän urteilen konnte. Und das nahmen ihm etliche seiner »Parteifreunde« übel, denn diese waren nicht frei: Sie trugen ein ideologisches Brett vorm Kopf und einen Nasenring, an dem sie sich liebend gern von der CDU an die Fleischtöpfe der Macht führen und halten lassen wollten.

Auf Wunsch der Zentrale in Berlin sollte ich nach Borms Ausscheiden versuchen, in der Fraktionsleitung unterzukommen, was aber nicht klappte. Allerdings suchte der Bundesgeschäftsführer Karl-Hermann Flach eine zweite Sekretärin.

Sein Assistent Hartmut Hausmann, der mich von der Arbeit bei Borm kannte, fragte an, ob ich diesen Job übernehmen wolle. So gelangte ich in das Generalsekretariat der FDP.

Die Genossen in der Zentrale schienen darüber zwar nicht besonders glücklich zu sein – wahrscheinlich weil sie dort bereits Herbert Willner platziert hatten –, nahmen es aber billigend in Kauf. Das Gute an dieser Entwicklung war, dass ich selbst dafür nichts getan hatte. Man konnte mir später nie vorwerfen, dass ich mich gezielt um diese Position bemüht hätte. Auch diese Aufgabe war, wie das meiste in meinem Leben, »über mich« gekommen.

Mein Arbeitsplatz in der Zentrale der FDP befand sich in einem Seitenflügel des Gebäudes in der Talstraße, in dem der Apparat der Parteiführung saß: etwa 25 bis 30 Mitarbeiter.

Der FDP-Bundesvorsitzende hieß damals Walter Scheel, er war Vize-Kanzler und Außenminister. Die Parteigeschäfte führte sein Generalsekretär, seit 1971 war das Karl-Hermann Flach. Der Journalist war schon einmal, vor dem Mauerbau, zwei Jahre Generalsekretär der FDP gewesen, hatte sich dann jedoch aus der Politik zurückgezogen, weil er sich mit dem damaligen Parteichef Erich Mende – aus naheliegenden politischen Gründen – überworfen hatte. In den 60er Jahren arbeitete Flach bei der *Frankfurter Rundschau* und kehrte schließlich, von Scheel quasi reaktiviert, an die Parteispitze zurück. Für diese Aufgabe hatte er sich auch mit einer Publikation (»Noch eine Chance für die Liberalen«) empfohlen, mit der er die theoretische Basis für einen nach ihrem Verständnis »modernen Liberalismus« legte. Und seit jenem Jahr, also seit 1972, besaß Karl-Hermann Flach auch ein Bundestagsmandat.

*FDP-Chef Walter Scheel (l.) und sein Generalsekretär Karl-Hermann Flach, 1972*

Der Generalsekretär war ein sehr angenehmer, intelligenter Politmensch, der sich wie kein Zweiter in der Partei mit der Strategie der FDP beschäftigte. Das auf dem Parteitag in Freiburg beschlossene Programm trug seine Handschrift.

Als seine zweite Sekretärin war ich hauptsächlich mit Schreibarbeiten beschäftigt. Flach pflegte eine umfangreiche Korrespondenz und empfing viele Besucher, die ich versorgen oder betreuen musste, wie man will. Dadurch lernte ich auch alle Spitzenfunktionäre der FDP, von Hildegard Hamm-Brücher bis zu Walter Scheel, aus der Nähe kennen, so sie mir nicht schon aus meiner Arbeit bei Borm bekannt geworden waren.

Die Arbeitsatmosphäre im Vorzimmer von Flach war recht angenehm, allerdings konnte ich mich nicht mit der überheblichen, wenngleich begründeten Haltung der Büromitarbeiter anfreunden, die da lautete: »Die Funktionäre kommen und gehen, wir bleiben. Wir sind die eigentlichen Bestimmer.« (So verhält es sich bis heute auch in jedem Bundesministerium: Die Ministerialbürokratie behält das Sagen, egal, welcher Minister an der Spitze steht.)

Im Falle von Flach behielten sie natürlich auch recht. Der begabte Politiker verstarb an den Folgen eines Schlaganfalls zwei Monate vor seinem 44. Geburtstag. Der harte Politjob hatte seinen Tribut gefordert. Flach hätte, sofern ihn seine innerparteilichen Gegner nicht ausgeschaltet hätten, gewiss eine große Karriere vor sich gehabt und die Innenpolitik der Bundesrepublik positiv mitgestaltet. (*Selbst Oskar Lafontaine, damals Ko-Vorsitzender der Linkspartei, erinnerte in einem Beitrag für den Berliner* Tagesspiegel *am 4. Juni 2011 an Flach und dessen Streitschrift*

»Noch eine Chance für die Liberalen«, die 40 Jahre zuvor erschienen war. »Die orientierungslos gewordene FDP wäre gut beraten, diese Schrift noch einmal zu lesen. Der Liberalismus des Freiburger Programms war links«, schrieb Lafontaine. »Für mich war und ist der Sozialismus nichts anderes als ein zu Ende gedachter Liberalismus.« Flach zitierend schrieb er weiter: »›Der Liberalismus hat nach seinem großen und erfolgreichen Kampf um geistige Freiheit, bürgerliche Rechte und verbriefte Verfassung teilweise versagt, ließ sich als Interessenvertreter privilegierter Schichten missbrauchen.‹ Daran hat sich bis zum heutigen Tage nichts geändert. Die Liberalen tragen wie kaum eine andere Partei Mitverantwortung für die immer ungerechtere Einkommens- und Vermögensverteilung.« – d. Hrsg.)

Aufgrund seiner charakterlichen Stärken und seiner politischen Überzeugungen stand mir Flach durchaus nah, seinen Verlust empfand ich als einen persönlichen.

Die FDP meinte, auch ohne Generalsekretär auskommen zu können, und besetzte diese Funktion erst einmal nicht neu. Des Parteivorsitzenden und Vizekanzlers Ehrgeiz zielte auf Höheres. Scheel wollte 1974 Bundespräsident werden und führte darum die Geschäfte der Partei allenfalls nonchalant, der gelbe Wagen, den er später besingen sollte, war ihm allenfalls noch Vehikel. Darum sollte erst 1974 auf dem Bundesparteitag nicht nur ein neuer FDP-Vorsitzender, sondern auch ein neuer FDP-Generalsekretär gewählt werden.

Bis dahin wurde ich dem Bundesgeschäftsführer Harald Hoffmann als zweite Sekretärin zugeteilt. In diesen etwa anderthalb Jahren erledigte ich, sehr zum

Leidwesen der Zentrale in Berlin, ausschließlich belanglose Schreibarbeiten.

Am 1. Oktober 1974 bestimmte schließlich der Parteitag die neue FDP-Spitze, nachdem sich Scheel bereits am 15. Mai zum Bundespräsidenten hatte wählen lassen. Die Stimmen der Wahlmänner und -frauen von SPD und FDP in der Bundeswahlversammlung hatten gereicht, um sich gegen Richard von Weizsäcker durchzusetzen. Scheel war auch als Bundespräsident ein eitler Mensch, dem Äußerlichkeiten stets wichtiger waren als der Inhalt, und, offen gestanden, als einen Geistesriesen habe ich ihn auch in der Parteizentrale nicht erlebt.

Hans-Dietrich Genscher, der Scheel beerbte, war aus anderem Holze. Der Hallenser kam Anfang der 50er Jahre aus der DDR, saß seit 1965 im Bundestag, war in Brandts erstem Kabinett Innenminister gewesen und hatte am 16. Mai 1974 Scheels Platz als Außenminister und Vizekanzler in der Regierung von Helmut Schmidt übernommen. Nunmehr war Genscher auch Parteivorsitzender.

Ich hielt Genscher für einen Opportunisten, der – im Unterschied zu vielen anderen in seiner Partei, die ja formal auch die meine war – ein feines Gespür für Stimmungen und tatsächliche Machtverhältnisse besaß. Er vermochte früher als andere, sich unterschwellig ankündigende Veränderungen zu bemerken und beizeiten die Seiten zu wechseln. So betrieb er Außenpolitik, so machte er Parteipolitik. Und stets konnte er sich dabei sehr überzeugend in Szene setzen. Er war ein Selbstdarsteller. Den ihm in den 80er Jahren vom Satire-Magazin *Titanic* verpassten Spitznamen »Genschman« fand ich daher sehr treffend.

Genscher bestimmte Martin Bangemann zum Generalsekretär. Der schwergewichtige Jurist war seit fünf
Jahren Vize-Vorsitzender der Bundes-FDP und führte
seitdem auch den Landesverband von Baden-Württemberg. Und seit 1972 hatte er auch ein Bundestagsmandat.

Er wurde mein neuer Chef.

# Bangemanns Mitarbeiterin von 1974 bis 1985

Zwischen uns stimmte die Chemie. Wir waren bald per Du. Ich habe mich nicht in sein Vertrauen gestohlen, mich nicht in seinen Freundeskreis und seine Familie gedrängt, es ergab sich halt so. Diese freundschaftliche Verbindung zeigte sich später auch vor Gericht, Martin nahm alles wohl leichter als ich selbst. Für mich stellte meine Doppeltätigkeit einen Balanceakt dar. Die Aufklärung der DDR interessierte sich für politische, nicht private Dinge, und das hielt ich sehr wohl auseinander. Diese moralisierenden Betrachtungen, die später von einigen angestellt wurden, gingen nach meiner Überzeugung an der Sache vorbei. Ich habe nicht Martin Bangemann »verraten«, sein Vertrauen »missbraucht«, sondern einen Exponenten westdeutscher Bundes- und Europapolitik als Informationsquelle für die DDR-Aufklärung erschlossen und genutzt.

Ich kenne den Einwand: Das kann so nicht trennen. – Doch, man kann. Intelligente, nüchtern und politisch urteilende Menschen wie Martin waren und sind dazu sehr wohl in der Lage. Ich musste mich später ihm gegenüber auch nicht rechtfertigen, erklären oder gar entschuldigen.

Was schätzte ich an ihm besonders?

Seine Klugheit, die er – im Unterschied zu manchem Kollegen – nicht demonstrativ zu Markte trug, die aber Außenstehenden seines Niveaus nicht verborgen blieb. Den meisten seiner Gesprächspartner dachte er zu schnell, sie kamen ihm oft nicht nach, so sehr sie auch das Gegenteil bekundeten. Und er war selbstbewusst und höflich genug, sie nicht spüren zu lassen, dass er sie durchschaute. Er verlor nie die Bodenhaftung, blieb geerdet. Daraus resultierte auch ein gewisses Phlegma, obgleich mir nicht klar war, was Ursache, was Folge war. Vermutlich bedingten sich Herkunft und Charakter wechselseitig und sorgten für ein sympathisches Erscheinungsbild.

Meine offizielle Dienststellung, als ich bei ihm zu arbeiten begann, lautete Chefsekretärin, und seit dem 1. Januar 1976 war ich Persönliche Mitarbeiterin von Dr. Martin Bangemann. Ich machte die gleichen Arbeiten wie bisher, musste aber nunmehr auch seinen persönlichen Haushalt in Bonn führen, die Terminplanung besorgen und die Verbindung zu seiner Familie halten. Diese lernte ich, worauf ich noch eingehen werde, während eines zweiwöchigen Segeltörns in der Ägäis im Frühjahr 1975 kennen. Sofern ich es bis dahin noch nicht wusste, so erlebte ich es an Bord: Martin war ein einfühlsamer Familienmensch, der mit seinen Kindern und mit seiner Frau wunderbar umgehen konnte.

Bei meiner Arbeitsaufnahme im Vorzimmer des Generalsekretärs der FDP stürmte vieles auf mich ein. Bangemann war nicht nur Abgeordneter des Deutschen Bundestages, sondern auch des Europaparlaments. Damals wurden die EU-Parlamentarier nicht gewählt, sondern von den nationalen Parlamenten respektive von den dort vertretenen Fraktionen entsandt. Bangemann war also Multifunktionär, achtete

*Johanna Olbrich: Seit 1. Januar 1976 Persönliche*
*Mitarbeiterin bei Dr. Martin Bangemann*

aber konsequent darauf, immer er selbst zu bleiben
und sich nicht von den Funktionen bestimmen zu lassen.

Über meinen Tisch liefen alle Dokumente, die für
ihn bestimmt waren: Protokolle der FDP-Präsidiums-
und -Vorstandssitzungen, der Ausschüsse für Außen-,
Deutschland-, Europa- und Sicherheitspolitik, Mit-
schriften von Vorstandssitzungen der Friedrich-Nau-
mann-Stiftung, dort insbesondere der Finanzplanung
und Berichte der Auslandsbüros, aus denen ersichtlich
war, in welchen Ländern Vertreter der FDP erfolgreich
agierten und dergleichen mehr. Aus diesen Unterlagen
konnten wir erkennen, in welcher Weise in diesen
Staaten – meist handelte es sich um sogenannte Ent-

wicklungsländer – die FDP bzw. die Bundesrepublik subtil Einfluss auf die Innenpolitik nahm.

Martin Bangemann war kein besonders aktiver Politiker, kein Macher, dem es gefiel, auf tausend Hochzeiten gleichzeitig zu tanzen, um in den Medien präsent zu sein. Solch Ehrgeiz war ihm fremd. Aber aufgrund seiner vielen Funktionen liefen in seinem Büro sehr viele Fäden zusammen und damit auch Informationen, die ich kopierte und wie gewohnt der Zentrale übermittelte.

Bangemann hatte keine Feinde, wohl aber gab es etliche Menschen, die er nicht sonderlich mochte. Dampftrommler gehörten dazu. Genscher hielt er für einen solchen. (»In jedem Negerkraal ist der sofort zum Telefon gerannt und hat Journalisten angerufen«, mokierte er sich einmal nach einer Reise, auf der er den Außenminister begleitet hatte.) Duckmäuser und angepasste Ja-Sager, die ihm zum Munde redeten, waren ihm so zuwider wie einige Journalisten. Er machte sich auch bei manchem Funktionär unbeliebt, indem er sich rar machte. Sonntag war für ihn der Tag, den er sich grundsätzlich für die Kinder und die Frau freihielt. Ich erinnere mich, dass ich wiederholt Absagen wie diese an den Zentralverband des deutschen Friseurhandwerks schrieb:

»Sehr geehrte Damen und Herren,

ich bedanke mich für Ihre Einladung zu ihrem diesjährigen Verbandstag und zu dem Forumsgespräch am Sonntag, dem 31. März 1974. Leider kann ich diese Einladung nicht annehmen. Ich nehme grundsätzlich an Sonntagen nicht an politischen Veranstaltungen teil. Als selbständige Friseure kennen Sie sicher die Arbeitsbelastung der selbständigen und freien Berufe.

Politiker zu sein ist ein freier Beruf mit 18-Stunden-Tag und Sechs-Tage-Woche. Wenn überhaupt, bleibt nur der Sonntag für die Familie und ein bisschen freie Zeit zur Erholung und zum Nachdenken über einige wichtige Dinge, wozu man in der Hetze der Woche nicht kommt.

Leider haben sich immer mehr Verbände – sogar christliche Akademien – angewöhnt, an Sonntagen Politiker zu Gesprächen und Veranstaltungen zu bitten. Ich halte das für unchristlich und unmenschlich gegenüber Frauen und Kindern der Politiker. Deshalb kann ich zu meinem Bedauern Ihre Einladung nicht annehmen und werde sie auch nicht an einen anderen FDP-Kollegen weitergeben. Aus denselben Gründen.

Damit Sie meine Gründe auch richtig einschätzen können, schicke ich in der Anlage ein Bild, auf dem Sie acht davon sehen können: meine Frau, meine fünf Kinder, den Goldhamster ›Freddy‹ meines ältesten Sohnes und die Lieblingspuppe ›Barbara‹ meiner ältesten Tochter.

Mit freundlichen Grüßen

Bangemann«

Wenn ich also Termine für ihn machte, dann ausschließlich von Montag bis Freitag. Nur in seltenen Ausnahmefällen nahm er noch den Samstag hinzu, der Sonntag war ihm in jeder Hinsicht heilig.

Solche Absagen wie die zitierte wurden von niederträchtigen Journalisten als Faulheit ausgelegt. Bangemann reagierte allergisch auf solche Borniertheit und Dümmlichkeit. Das zumindest spürten die Schreiberlinge, auch wenn sie sonst nichts kapierten. Und sie rächten sich, indem sie in den Medien ein Bild von ihm zeichneten, welches mit ihm wenig zu tun hatte. Das Etikett des Faulenzers wurde er nie wieder los.

Ich war erst wenige Monate bei ihm, als er mich fragte, ob ich Lust auf einen Segeltörn in der griechischen Ägäis habe. Er besäße mit zwei Freunden ein Boot, das in Athen läge und von einem griechischen Ehepaar gewartet werde. In den Osterferien würde er mit seiner Frau und den fünf Kindern gern in See stechen. Er hätte gern Lothar Mahling, seinen schwäbischen Referenten, und mich dabei. Eine solche Reise wäre hilfreich, um sich einmal richtig kennenzulernen. »Und damit das klar ist: An Bord sind alle per Du!«

Das verstieß gegen die in Bonn übliche Praxis. Üblicherweise hielt man die Domestiken auf Distanz.

Ich hob abwehrend die Hände. Zwar fand ich die Einladung sympathisch, aber ich war noch nie gesegelt und hatte absolut keine Ahnung, was mich da erwartete. Doch Bangemann nahm mir alle Sorgen, das Schiff sei groß genug, da würde keiner seekrank werden. Es sei wie ein Hotel, nur dass es schwimme und wir auch selber kochen müssten.

Die Zentrale hatte nichts dagegen, dass ich Ostern '75 mit Familie Bangemann und dem Referenten von Bangemann einen Ausflug ins Mittelmeer machte.

Anfang April versammelte sich die neunköpfige »Crew« auf dem Flughafen von Köln-Bonn. Die drei Jungs und die beiden Mädchen der Bangemanns waren zwischen vier und vierzehn Jahre alt, sie waren sehr normal und keineswegs überdreht. Sie begrüßten mich und Lothar Mahling artig. Auch Bangemanns Frau war mir vom ersten Moment an sympathisch. Sie war intelligent und aufgeschlossen wie ihr ungewöhnlich aufgekratzter Mann.

*Mit Bangemann und seiner Familie in der Ägäis, 1975*

Auf dem fest im Hafen vertäuten Boot – Schiff wäre wohl die treffendere Bezeichnung gewesen – bekam jeder eine kleine Kajüte mit einer winzigen Toilette zugewiesen. Martin Bangemann machte zunächst eine Führung über und unter Deck, erläuterte dieses und jenes und zeigte auf der Seekarte, wohin wir segeln und wo anlegen würden, um uns in den Städten die Füße zu vertreten und Lebensmittel zu kaufen. Die Namen und Bezeichnungen der Meerengen und Inseln, die wir dabei passieren sollten, waren mir völlig fremd, noch nie war ich in diesem Teil der Welt gewesen, und Geografie war ohnehin nicht meine Stärke.

Ich könne mir Athen ansehen, wenn ich möchte, sagte er. Sie müssten noch einige Besorgungen machen, 18 Uhr würde er gern auslaufen, um am Abend irgendwo vor Anker zu gehen. Vielleicht wolle ich mal hinauf zur Akropolis? Auch die Altstadt sei sehr sehenswert, jeder Schritt atme Geschichte. »Dafür interessierst du dich doch.«

Das also hatte er schon bemerkt. Er war ein sehr aufmerksamer Beobachter, kein Detail, keine Nebensächlichkeit entging ihm. Und er hatte ein Elefantengedächtnis.

Ich schlenderte neugierig durch die Stadt und kraxelte auch hinauf zur Ruine des Tempels, von der 1941 der Kommunist Manolis Glezos die Naziflagge der Besatzer heruntergerissen hatte. Von der Akropolis hatte ich einen Wahnsinnsblick auf die Stadt.

Beim Schlendern und Schauen merkte ich nicht, wie die Zeit verrann. Erschreckt starrte ich plötzlich auf die Uhr und winkte einem Taxi. Der Fahrer, welch Glück, sprach Deutsch. »Zum Hafen«, rief ich. Und er fragte zurück: »Zu welchem? Wir haben mehrere.«

Ach du grüne Neune, durchfuhr es mich. Auch das noch. So kam, was kommen musste. Nach und nach steuerten wir alle möglichen Liegeplätze an, dabei machte ich eine Stadtrundfahrt und bekam vieles

*Bescheidene Herberge: Die »Marc Aurel« im Hafen*

erklärt, was angesichts der wachsenden Nervosität an meinen Ohren vorbeirauschte. Wo lag nur die »Marc Aurel«? Sechs Uhr wollte Bangemann ablegen, es war schon sehr viel später. Wo er Pünktlichkeit doch so schätzte. Das war ja ein toller Auftakt.

Erst nach 20 Uhr fanden wir das Boot. Bangemann war sehr beunruhigt und schon drauf und dran, bei der Polizei nachzufragen. Da er mich für zuverlässig hielt, erklärte er mein Ausbleiben mit einem Zwischenfall. Irgendetwas Unvorhergesehenes musste seiner Meinung nach geschehen sein. Als das Taxi auf der Pier hielt und er mich in die Arme schloss – tatsächlich: der massige Mann umarmte mich wie eine verlorene Tochter –, fiel die Sorge von ihm ab, und er erzählte mir, wie er in den letzten beiden Stunden gelitten hatte. Ich glaubte es ihm sofort: Seine Ängste waren nicht gespielt. Ich fand es rührend.

Am nächsten Morgen tuckerten wir aus dem Hafen. Bangemann ging Ruder. Er trug in der warmen Sonne nur Shorts und drückte den bloßen Bauch gegen das Steuerrad. Die großen Kinder kannten ihren Platz und ihre Aufgaben an Bord, auch die Frau legte Hand an. Nur Mahling und ich standen ein wenig überflüssig an Oberdeck herum.

Bangemann griente, als das Boot von der leichten Dünung erfasst wurde und ich Mühe hatte, mich aufrecht zu halten. Ich solle mir was von seiner Frau gegen Seekrankheit geben lassen, sagte er väterlich. Sie habe etwas in der Bordapotheke. Prophylaktisch warf ich mir eine Pille ein. Nein, darauf war ich als Kundschafter nun wirklich nicht vorbereitet.

Die Tage vergingen. Ich lag an Bord in der Sonne, las und ließ mich bräunen, schwamm und spielte mit den Kindern, die mich offenkundig angenommen hatten und Anhänglichkeit bewiesen. (Jahre später schickten mir die Bangemanns ihre pubertierende Große für eine Woche zur seelsorgerlichen Betreuung ins Haus. Sie kam mal wieder mit der Familie nicht klar. »Kannst du mal ein paar Tage die erwachsene Freundin spielen«, bat mich ihr Vater. Die Halbwüchsige zog bei mir in Bonn ein und klagte mir ihre wahnsinnigen Probleme, die sie an der Grenze zwischen Kindheit und Erwachsenwerden so verspürte. Ich hatte zwar selbst keine Kinder, war aber ja, was Bangemann natürlich nicht wusste, in der DDR als Pädagogin ausgebildet worden, ehe ich ins Geheimdienstfach gewechselt war. Das hatte ich nicht verlernt.)

An jedem Abend gingen wir in einer Bucht vor Anker. Wir saßen gemeinsam an Deck in der lauen Frühlingsluft, aßen gut und tranken roten Wein, erzählten und, jawohl, sangen deutsche Volkslieder, die über die Wellen flogen, welche an die Bordwand glucksten. Mein Gott, war das schön! Bonn und Berlin waren so weit weg …

Zuweilen gingen wir an Land. Wir ließen das Beiboot zu Wasser, die beiden Männer griffen sich die Riemen, und Frauen und Kinder stiegen dazu. Nur einmal mussten wir Weiber an Bord bleiben, als sie zu einem Männerkloster auf einer kleinen Insel ruderten. Dort duldete man keine Frauen. Hinterher erzählten Bangemann und Mahling lachend von den Knoblauchwolken, die ihnen entgegengeflogen waren. Ihr hättet freiwillig keinen Schritt über die Klosterschwelle gesetzt, selbst wenn man euch Frauen eingelassen hätte. Martin Bangemann amüsierte sich noch immer.

*Diese Dias von Johanna Olbrich bekam die HV A in*
*Berlin nicht zu sehen*

Seine Absicht, Mahling und mich besser kennenzulernen, ging auf. Und auch ich wusste nun, was ich
von ihm zu halten hatte. Er schätzte es, wenn Leute
eine eigene Meinung hatten und diese auch vertraten.
Offenkundig entsprach ich in dieser Hinsicht seinen
Erwartungen.

Zurück in Bonn berichtete ich kurz nach Berlin.
Das Echo dort fiel ebenso aus: kurz. Die Zentrale
machte daraus kein Gewese. Ich musste nicht erklären:
Vertiefen wir das nicht weiter, Genossen. Dienstlich
Verwertbares habe ich nicht zu vermelden und gut ...

Sie hatten verstanden.

Fortan duzte wir uns auch auf Arbeit. In den späteren Strafverfahren wurde mir diese Vertrautheit als
besondere Schwere meines Handelns angekreidet. Es
gab keine Gerichtsentscheidung und fast keinen Zei-
tungsartikel, in denen diese Tatsache nicht hervorge-
hoben wurde: Ich hatte mich, welch Niedertracht, ins

Privatleben von Bangemann eingeschlichen. Herrliche Einfalt: Eingeschlichen hatte sich niemand.

Nach diesem sehr erholsamen Ausflug lief die Zusammenarbeit zwischen uns allen noch besser, wir fühlten uns alle wie in einer Familie, ohne dass dadurch der Respekt vor dem FDP-Funktionär und Chef Dr. Bangemann gelitten hätte. In der Zukunft sollte dieser Kontakt immer enger und freundschaftlicher werden. Das war der Grund dafür, bei jedem Treffen mit Mitarbeitern der Zentrale von meiner Seite nachdrücklich zu verlangen, dass gegen meinen Chef und gegen Mitarbeiter aus seinem Umfeld keinerlei aktive Maßnahmen erfolgten, egal, was auch passieren würde. Auf diese Weise wollte ich Unannehmlichkeiten von den Menschen fernhalten, die mir in der Arbeit zu wirklichen Freunden geworden waren. Natürlich hatte eine solche Freundschaft für mich auch Grenzen. Ich war als Vertreter eines anderen Staates tätig, der von der BRD als Gegner gesehen und bekämpft wurde. Wir blieben objektiv Klassenfeinde. Trotzdem hielt ich einen solchen Fingerzeig an meine Genossen für erforderlich. Und sie haben sich, auch das sei gesagt, immer daran gehalten.

Diese Grenzlinie zum Klassenfeind blieb immer existent, auch wenn man sich menschlich näherkam. Ganz öffnen konnte man sich nie. Gewiss war das im konkreten Einzelfall zu bedauern. Aber die Welt war nun mal so, wie sie war, nicht, wie wir sie uns wünschten. *Noch nicht*, trösteten wir uns und hofften auf bessere Zeiten, denen wir mit unserer Tätigkeit rascher näherzukommen meinten, rascher jedenfalls, als wenn wir die Hände in den Schoß legten und auf den Selbstlauf der Geschichte vertrauten.

Ich war in jener Zeit auch mit einem Mann liiert, der – wie sich bald herausstellte – aus dem gleichen Gewerbe, aber von der anderen Feldpostnummer kam. Er gehörte zur Sicherungsgruppe Bonn. Schon deshalb widersetzte ich mich seinem durchaus verständlichen Anliegen, unsere Beziehung enger werden zu lassen. Zu nah durfte ich ihn nicht an mich heranlassen. Solche Momente waren die schwersten in meinem Leben, wenn die Vernunft die Gefühle beherrschen musste. Unsere enge Beziehung war auch der Grund, weshalb ich es ablehnte, in das einseitige Funksystem der Zentrale aufgenommen zu werden: Was würde geschehen, wenn der Mann zufällig den Kurzwellenempfänger in meiner Wohnung entdeckt hätte?

Und wenn wir schon beim Thema psychische Belastung sind: Ich habe zwar wegen Heimweh nie Kopfkissen vollgeheult, aber die Trennung von meiner Mutter, meiner Schwester und deren Familie schmerzte mich durchaus. Für sie war ich in Japan und konnte darum nur alle zwei Jahre auf Besuch kommen. Die Briefe, die ich ihnen zwischendurch schrieb, mussten erst via Berlin nach Tokio befördert und dort in die Post gegeben werden. Und dann hatte ich bei meinen Familienbesuchen auch japanische Souvenirs mitzubringen, die meine Legende unterstrichen, dass ich in der DDR-Auslandsvertretung im Reich der aufgehenden Sonne arbeitete. Irgendwie bekamen es die Genossen in der Zentrale stets hin, dass ich nie mit leeren Händen nach Polen zu meiner Familie fuhr und sie regelmäßig Ansichtskarten und Briefe von mir aus Japan erhielten. Allerdings konnte keiner ahnen, dass meine Mutter auch Besuch aus Westberlin erhielt. Die

Tochter der Charlottenburger Verwandten besuchte Mutter in Polen, die Verbindung rührte noch aus der Zeit des Krieges. Sie kam vermutlich ohne politische Absicht, auch wenn unsere Genossen später ermittelten, dass sie Verbindungen zu Fluchthilfeorganisationen, die DDR-Bürger ausschleusten, unterhielt. Mutter erzählte ihr beiläufig, wenngleich nicht ohne Stolz, dass ich in der Botschaft der DDR in Tokio arbeite und dass es mir gut gehe.

Zufall oder gezielte Nachforschung: Diese Frau tauchte überraschend eines Tages in unserer Vertretung in Tokio auf und wünschte Johanna Olbrich zu sprechen. Schulterzucken war die Antwort, eine Frau dieses Namens kenne man nicht. Wieder in Europa tischte die Westberlinerin diese Nachricht sofort meiner Mutter auf, die mich bei meinem nächsten Besuch zur Rede stellte.

Ich war, wie sich denken lässt, ziemlich geschockt, und erklärte die abwehrende Reaktion in der DDR-Botschaft mit der Furcht vor Nachstellungen, mit der

*Die Fraktionschef von SPD und FDP, Wehner (l.) und Mischnick (r.), bei Honecker, Mai 1973*

hohen Kriminalitätsrate in Japan und legitimen Sicherheitsvorschriften. Meine Mutter gab sich mit dieser Begründung zufrieden, nur meine Schwester Gertraud schien nicht ganz überzeugt davon.

Das veranlasste die Genossen in der Zentrale, mich nach Nordkorea zu versetzen. Da traf mich zwar das Mitleid der Familie, aber ich war vor Nachstellungen der Westberliner Verwandtschaft sicher. Allerdings wurde die Postverbindung und das Beschaffen von Souvenirs nicht einfacher.

Als wir mit der »Marc Aurel« in der Ägäis segelten, war Martin Bangemann noch Generalsekretär der FDP. Im Herbst 1975 flog er aus dem Amt, wie der *Spiegel* schrieb. Der Generalsekretär hatte die Entscheidung des Parteivorsitzenden Genscher kritisiert, die CDU-Minderheitsregierung in Niedersachsen unter Ernst Albrecht zu tolerieren. Martin Bangemann wurde daraufhin in der Parteiführung als Einzelgänger abgestempelt und isoliert, nach meiner Beobachtung stand nur noch der FDP-Fraktionschef Wolfgang Mischnick zu ihm. Der hatte sich im Mai 1973 gemeinsam mit dem Vorsitzenden der SPD-Fraktion Herbert Wehner mit Erich Honecker in der Schorfheide getroffen. Die beiden gebürtigen Dresdner, Mischnick und Wehner, gehörten damals eindeutig zu den vernünftigsten Politikern im Bundestag. Sie waren nicht unbedingt Freunde der DDR, aber ihre Politik half der DDR durchaus.

Bangemann, der sich mehr für Europa-Politik interessierte als für die Niederungen der Parteipolitik, nahm nunmehr aktiv Kurs auf Brüssel. 1979 sollten zum ersten Mal die Abgeordneten des Europaparlaments direkt gewählt werden, er wollte unbedingt ein Mandat.

Im Wissen um den 1982 durch Genscher veranlassten Wechsel der FDP ins Unionslager konnte man im Nachhinein diese Kontroverse zwischen Bangemann und Genscher als erstes Zeichen für den beginnenden Gesinnungswechsel in der FDP-Führung sehen. In dem gleichen *Spiegel*-Beitrag 8/1976 ist bereits von »wankelmütiger FDP« und »bröckelnder Koalition« die Rede. Es sollte immerhin noch sechs Jahre dauern, ehe die FDP öffentlich umfiel und aus dem sozialliberalen Regierungsbündnis ausstieg.

Bei der Wahl zum Europaparlament gewann die FDP vier Mandate, Martin Bangemann wurde nach der Konstituierung des EU-Parlaments von den Liberalen Europas zum Fraktionschef gewählt. Er fragte mich, ob ich ihm nach Brüssel folgen würde.

Ich beriet mich mit den Genossen in der Zentrale. In Bonn erfuhr ich in der Geschäftsstelle der FDP im neuen Thomas-Dehler-Haus mehr über die Politik der Bundesregierung, von ihren strategischen Überlegungen und über mögliche Schritte in der deutsch-deutschen Zusammenarbeit als anderswo. Die Informationen waren substanzieller, als sie jemals im Vorzimmer eines EU-Abgeordneten sein würden. Also sprach alles gegen das Angebot Bangemanns. Andererseits wollte ich ihn nicht vor den Kopf stoßen, zumal wir uns menschlich sehr nahestanden. Schließlich fanden wir in Berlin eine Kompromissformel.

Ich schlug Bangemann vor, an zwei Tagen sein Büro im Thomas-Dehler-Haus zu führen, quasi seine Verbindungsstelle in Bonn zu sein, und an drei Tagen in der Woche in Brüssel für ihn zu arbeiten. Außerdem könnte ich dadurch meine schöne Bonner Wohnung behalten. Bangemann, der unverändert europapolitischer Sprecher der FDP und Vorsitzender eines Arbeitskreises der Partei war, stimmte meinem Vorschlag zu. Er wusste, das ich selbständig handelte und ein guter Anwalt seiner Interessen war. Und auch die Zentrale in Berlin war zufrieden: So blieb uns der Zugang und die Verbindung zu diversen Abgeordneten und Arbeitskreisen erhalten.

Fortan erledigte ich jeden Montag und Freitag in Bonn die notwendigen Arbeiten, von Dienstag bis Donnerstag war ich in Brüssel. Offiziell war ich angestellte Mitarbeiterin einer von der Fraktion der Liberalen edierten Zeitung, zugleich stand ich dem Fraktionsvorsitzenden als Sekretärin zur Verfügung. 1980 mietete ich eine Einraum-Wohnung mit Küche und Toilette an einer Ausfallstraße. Von dort brauchte ich mit dem Auto nur zwei Stunden bis Bonn.

Bangemann und die anderen drei Abgeordneten bewohnten in unmittelbarer Nähe eine Dreiraum-Wohnung, die zugleich ihre Arbeitsräume darstellte. Als Vorzimmersekretärin arbeitete eine Holländerin für sie. Nach meiner Verhaftung wurde Frau Hoogendam drei Stunden intensiv befragt, ob es Hinweise auf meine Agententätigkeit gegeben habe. Sie konnte reinen Herzens verneinen: Sie hatte nichts bemerkt – weil es nichts zu bemerken gab. Ich gewann meine Informationen grundsätzlich nur im Rahmen der üblichen Arbeit. Sie hatte kein auffälliges Interesse oder aufdringliche Fragen registrieren können, weil ich weder sie noch andere damit behelligt hatte.

In Brüssel erledigte ich die Korrespondenz von Martin Bangemann und den anderen FDP-Abgeordneten, daneben kümmerte ich mich um seine Besucher. Die Arbeitszeit ging in der Regel von 9 bis 18, oft 19 Uhr. Danach saßen wir oft zum gemeinsamen Abendessen in einem Restaurant, bei dem natürlich auch viel geredet wurde. Insgesamt war die Arbeitsatmosphäre angenehm, ich fühlte mich wohl in der kleinen Gemeinschaft. Und auch das Gehalt war nicht übel, ich verdiente im Schnitt so um die 5.000 DM brutto.

Ich konnte sehr viel Material von Brüssel nach Berlin liefern, wobei manches doppelt kam. Wegen der Fülle las ich nicht alles selber, sondern kopierte nur. Um den Transport zu sichern, schickte man einen zweiten Verbindungsmann, mit dem ich mich in der Umgebung von Brüssel oder in der belgischen Hauptstadt regelmäßig traf. Der Genosse war verlässlich, ich verstand mich gut mit ihm, er befreite mich von mancher Sorge und erleichterte somit meine Arbeit.

Die Resonanz auf mein geliefertes Material war gespalten. Berlin war sehr an den Unterlagen interessiert, Moskau weniger. Der Große Bruder hatte nicht die EU im Visier, sondern die USA und die NATO. Nach der Wahrnehmung der sowjetischen Aufklärung wurde im Europaparlament ohnehin nichts entschieden, das war kein politischer, schon gar nicht ein militärischer Faktor, den man ernst zu nehmen hatte. Da hatten sie gewiss nicht unrecht. Dennoch sollte man nicht so ignorant sein, wie sie es offenkundig in Moskau waren.

Zu meinen Aufgaben gehörte es auch, Bangemann bei politischen Reisen zu begleiten. So war ich mit ihm beim FDP-Bundesparteitag in Berlin im November 1982. Vier Wochen zuvor hatte die FDP-Fraktion gemeinsam mit den Unions-Abgeordneten im Bundestag den CDU-Vorsitzenden Helmut Kohl zum Bundeskanzler gewählt. Dieser Koalitionswechsel kostete die FDP etwa 20 Prozent ihrer Mitglieder, und bei der Bundestagswahl 1983 sank ihr Stimmenanteil um 3,6 auf sieben Prozent. Zu denen, die wütend der FDP den Rücken kehrten, gehörte auch der Generalsekretär Günter Verheugen. Auf diesem Parteitag im Berliner ICC trat Uwe Ronneburger gegen den Renegaten Genscher an und erhielt 40 Prozent der abgegebenen Stimmen, doch der Parteivorsitzende Genscher konnte sich knapp behaupten. »Der Riss geht in der Tat mitten durch die Partei«, hieß es dazu in der *Zeit* vom 12. November 1982. »Dabei mochte es noch einleuchten, dass Genscher und Graf Lambsdorff, die Steuerleute des umstrittenen Wechsels, nicht mit überwältigenden Stimmenzahlen gewählt wurden. Schwerer wog schon, dass Gerhart Baum, der einzige Vertreter der parteilinken Minderheit, nur mit einer Stimme Mehrheit in das oberste Führungsgremium einzog. Vor allem aber: Selbst Wolfgang Mischnick, der getreuc Eckhart der Partei, seit seiner bewegenden Bundestagsrede bei der Abwahl Schmidts zum Inbegriff liberaler Redlichkeit geworden, musste fast hundert Gegenstimmen einstecken. Und dass schließlich Hildegard Hamm-Brücher, seit Jahr und Tag Verkörperung couragiert-liebenswürdiger Liberalität, gegen den saarländischen Landesvorsitzenden Klumpp unterlag, machte das Desaster vollkommen.«

1983 fuhr ich gemeinsam mit Martin Bangemann nach Rothenburg ob der Tauber zum Treffen der europäischen Liberalen. Am 6. März sollte ein neuer Bundestag gewählt werden, der Wahlkampf war bereits in vollem Gange. Martin und ich spazierten zwischen den Sitzungen durch den Stadtpark, um den Kopf auszulüften, als wir auf Willy Brandt trafen. Der SPD-Vorsitzende war offenkundig zu einer Wahlveranstaltung seiner Partei in die Stadt gekommen und in Begleitung von einigen Personenschützern unterwegs. Bangemann und Brandt kannten sich natürlich, sie begrüßten sich und wechselten einige belanglose Worte. Auch mir gab Brandt die Hand, doch er schien wie entrückt und schaute durch mich hindurch, als sei ich nicht da. Das war für mich eine ziemliche Enttäuschung. Brandt schien nicht mehr von dieser Welt.

Ich erinnerte mich an 1974, als mein Genosse Günter Guillaume aufflog und Brandt als Kanzler zurücktrat. Die Spionageaffäre schien dem Amtsmüden willkommener Anlass, endlich den Bettel hinwerfen zu können. Unmittelbar nach Guillaumes Verhaftung erhielt ich einen Anruf von meinem Kurier mit der codierten Nachricht, aus Sicherheitsgründen die Arbeit für ein Vierteljahr ruhen zu lassen. Ich solle nur beobachten und die weitere Entwicklung abwarten.

Das tat ich. Später wurde ich allerdings von der Zentrale dafür gerügt, weil ich keine Informationen lieferte – man hatte vergessen, mich zu benachrichtigen, dass ich meine Arbeit wieder aufnehmen könne.

Beim persönlichen Treff mit der Zentrale wurde sehr ausführlich auch über das Verhalten bei einer möglichen Verhaftung gesprochen. Grund war der Auftritt von Günter Guillaume, dieser sei falsch gewesen, sagte man damals. Er hatte, als die Polizei vor seiner Tür stand, erklärt: »Ich bin Bürger der DDR und ihr Offizier. Respektieren Sie das!« Ich wurde erneut instruiert, jede Aussage, die über die Angaben zur Person hinausging, konsequent zu verweigern und auf den Beistand eines Rechtsanwalts zu bestehen.

Im Jahr 1984 fanden die nächsten Wahlen zum EU-Parlament statt. Ich weilte von März bis Juni hauptsächlich im Bonner Büro und koordinierte die Wahlkampftermine für Bangemann und die anderen drei Abgeordneten. Eine Zeitung schrieb, dass ohne mich nichts laufen würde. Das war eine charmante Übertreibung. Vielleicht lag es darum auch an mir, dass die FDP an der Fünf-Prozent-Hürde scheiterte. Mein Arbeitgeber Bangemann, der 1980 sein Bundestagsmandat niederlegen musste, weil er im EU-Parlament saß, war nunmehr bar jeglichen politischen Amtes. Da kam ihm (und mir) der berühmte Zufall zu Hilfe. Otto Graf Lambsdorff, einer der Drahtzieher des Koalitionswechsels und von Kohl zum Wirt-

*Koalitionäre: Lambsdorff, Genscher und Kohl, 1983. Der Graf musste den Platz für Bangemann räumen*

schaftsminister berufen, ging Ende 1983 seiner Immunität verlustig: Die Staatsanwaltschaft ermittelte gegen ihn wegen Steuerhinterziehung und Bestechlichkeit. Der öffentliche Druck nahm stetig zu, so dass Lambsdorff am 27. Juni 1984 als Minister zurücktreten musste. (Lambsdorff, das nur der Vollständigkeit halber, sollte wie sein Amtsvorgänger Hans Friderichs nach anderthalb Jahren rechtskräftig wegen Steuerhinterziehung verurteilt werden. Er zahlte eine Geldstrafe von 180.000 DM, die Anwaltskosten in Höhe von 515.000 Mark übernahm das Bundeswirtschaftsministerium. Von 1988 bis 1993 war Lambsdorff trotzdem Bundesvorsitzender und seit 1993 Ehrenvorsitzender der FDP.)

Die FDP musste nunmehr einen neuen Minister benennen – und erinnerte sich des soeben als EU-Kandidaten gescheiterten ehemaligen FDP-Generalsekretärs. Martin Bangemann wurde noch am Tag des Rücktritts von Lambsdorff nominiert und als Minister vereidigt. Er fragte mich sofort, ob ich wieder in Bonn für ihn arbeiten würde. Da alles ziemlich rasch ging, konnte ich meine Führungsoffiziere in Berlin nicht mehr konsultieren – ich sagte zu. Im Nachhinein sanktionierte die Zentrale meine Entscheidung. Somit war ich mit Wirkung vom 1. Juli 1984 Chefsekretärin des Bundeswirtschaftsministers.

Ohne eigenes Zutun.

Als Sekretärin hatte ich die üblichen und mir vertrauten Tätigkeiten zu verrichten. Viele Mitarbeiter und Politiker, mit denen ich es zu tun bekam, waren mir persönlich seit geraumer Zeit bekannt.

Neben dieser Arbeit war ich auch von Bangemann mit der Betreuung seines Haushalts in Bonn, der persönlichen Korrespondenz und mit der Abwicklung seiner Bank-, Steuer- und Beihilfeangelegenheiten betraut worden. Ich bekam die sogenannte »Kleine Unterschriftsberechtigung« für den Zugang zu Vorgängen der Sicherheitsstufe »Geheim«.

Das war allerdings mit einer erneuten Sicherheitsüberprüfung verbunden. Für die dazu notwendigen Unterlagen benötigte ich eine Geburtsurkunde. Also bat ich meine Genossen, mir schnell eine zu besorgen, zumal die Bundestagsverwaltung mich schon gemahnt hatte. Nach zehn Tagen brachte mir der Kurier die gewünschte Urkunde, und ich konnte ohne weitere Mahnungen die Verwaltung zufriedenstellen.

Bangemann übernahm 1985 auch noch den Vorsitz der FDP, für die sich aus dieser Funktion ergebenden Aufgaben war ich fortan ebenfalls zuständig. Der Parteitag im Februar in Saarbrücken, der ihn an die Spitze der Partei stellte, wurde selbst in der sonst kritischen Presse beklatscht. »Bangemann ist über die FDP gekommen wie ein warmer Frühjahrsregen. Die liberalen Pflänzchen regen sich wieder, auch solche, die ziemlich geknickt vor sich hingekümmert hatten. Hoffnung breitet sich aus, Zuversicht. Und weil die liberale Welt so frischgewaschen aussieht, mag auch niemand mehr an Streit denken – vorläufig wenigstens.« So lautete die Hymne in der *Zeit* vom 1. März 1985, die Bangemann einen »liberalen Kohl« nannte. »Selbstbewusstsein hat er genug, da trifft er sich mit dem Kanzler. Aber noch wirkt er manchmal so, als ob die Politik für ihn ein interessantes Spiel wäre. Das macht ihn sympathisch. Ob er über den Machtinstinkt Kohls verfügt, über die Präzision Genschers, die Härte Lambsdorffs – das sind vorläufig unbeantwortete Fragen.«

Im April begleitete ich den Minister und FDP-Vorsitzenden nach Kopenhagen, wo sich die europäischen Liberalen trafen, am 6. Juni waren wir beide in Groningen. Dort versammelte sich die EU-Fraktion, der kein deutscher FDP-Abgeordneter angehörte, zu ihrem Jahreskongress.

Im März 1985 sollte er zunächst die Messe in Leipzig besuchen, danach war ein Treffen mit Erich Honecker in Berlin vorgesehen. Ich bereitete diese DDR-Reisen vor, wohl wissend, dass ausdrücklich Order aus Berlin bestand, an solchen Dienstfahrten nicht teilzunehmen. Im Vorfeld der Reisen lagen jedoch die Listen mit den Namen von in der DDR inhaftierten Personen in meinem Büro, die bei solchen Begegnungen in Berlin dem ersten Mann über den Tisch geschoben wurden. Das war seit Jahren Ritual. Ich konnte auf diese Weise die Namen melden, so das alles veranlasst werden konnte, um die Forderungen entweder ins Leere laufen zu lassen oder umgehend – als Geste guten Willens – zu erfüllen.

Am 17. Mai 1985 wurde ich auf eine neu geschaffene Planstelle als Sachbearbeiterin im Ministerbüro gesetzt. Ich bearbeitete Bangemanns Bürgerpost, bereitete seine auswärtigen Termine vor und betreute seine privaten Angelegenheiten. Es war nicht absehbar, ob und wie sich die neue Funktion auf meine Aufklärungsarbeit auswirken würde.

Bislang hatte ich sehr umfangreiche Informationen zu Fragen der Außen- und Sicherheitspolitik der Bonner Regierung liefern können. Sie halfen, dass die Verantwortlichen in der DDR realistisch die Lage beur-

teilen konnten. So trugen Unterlagen zu Neutronen-
waffen, die in der NATO eingeführt werden sollten,
und die Nachrichten über die Stationierung der Per-
shing II und die Auseinandersetzungen in der BRD zu
einer konkreten Situationseinschätzung bei. Sie halfen
– mit den Informationen anderer Kundschafter – die
Hysterie in Moskau zu dämpfen.

Die Politik der BRD wurde für Berlin dadurch
transparenter und somit berechenbarer, auch konnte
die innere Entwicklung der FDP besser beurteilt und
vor Wahlen und Koalitionsverhandlungen die Haltung und Absichten der führenden Politiker besser
eingeschätzt werden.

Ich schickte auch regelmäßig Kopien des sogenannten »Gelben Dienstes« des Auswärtigen Amtes,
woraus die internen Einschätzungen der Botschafter
aus aller Welt, die sie an das AA sandten, zu erfahren
waren.

Ich habe, das in aller Bescheidenheit, mit all diesen
Informationen einen aktiven Beitrag bei der Gestaltung einer erfolgreichen Politik der DDR gegenüber
der BRD geleistet. Und diese war auf Verständigung
und damit auf Normalisierung der Beziehungen unserer Staaten gerichtet.

Bei Treffen mit der Zentrale wurde mir das wiederholt bestätigt. Es war besonders motivierend, wenn an
solchen Begegnungen der Chef der Aufklärung teil-
nahm. Markus Wolf konnte wie kaum ein anderer
politische Vorgänge sehr präzise und prägnant beur-
teilen. Die Orden und Ehrenzeichen, die mir dabei
verliehen wurden, empfing ich zwar mit Genugtuung
und Stolz, aber das war für mich nicht das Wesentliche. Mich befriedigte, dass ich an der Gestaltung der

deutsch-deutschen Beziehungen indirekt mitwirkte. Irgendwie.

Im Juli 1985 trat Bundesminister Martin Bangemann seinen Jahresurlaub an, ich folglich meinen auch. Und diesmal war er mir besonders wichtig. Ich fürchtete, dass meine hochbetagte Mutter nicht mehr lange leben würde, sie war gesundheitlich merklich angeschlagen. Die Nachrichten verhießen jedenfalls nichts Gutes.

Bereits im Winter waren Termine, Reisewege und Legenden mit der Zentrale abgesprochen worden. Ich wollte nur kurz in der DDR bleiben und alsbald nach Lauban in Polen weiterreisen.

Bei meinem Arbeitgeber in Bonn meldete ich eine Urlaubsreise in die Toskana an.

# Das Ende des Einsatzes

1986, am 26. Oktober, würde ich 60 Jahre alt werden, Grund, über das Ende meiner Berufstätigkeit nachzudenken. Damals konnte man als Frau in der DDR und auch in der BRD in diesem Alter in Rente gehen. Seit nunmehr zwei Jahrzehnten kämpfte ich an der unsichtbaren Front, war die linke (oder rechte) Hand eines Bundesministers: Mehr zu erreichen war als Kundschafter nicht drin! Wie lange sollte oder wollte ich das aber noch bleiben?

Ich genoss im Bundeswirtschaftsministerium und in der FDP-Zentrale, ohne mich selbst zu überheben, großes Vertrauen und unterhielt zu vielen Menschen freundschaftliche Beziehungen, die sowohl beruflicher als auch privater Natur waren. Diese Verbindungen wollte ich selbst für den Fall meines Ausscheidens aus dem Ministerium nicht abreißen lassen. Also sprach ich mit den Genossen in der Zentrale über einen langsamen, unauffälligen Rückzug aus meiner Tätigkeit.

Es waren verschiedene Optionen im Gespräch, ich favorisierte jene Variante, die vorsah, dass Sonja Lüneburg in Österreich ihren Alterssitz nahm. Von dort konnte ich einerseits die Verbindung in die Bundesrepublik halten und andererseits diese Kontakte langsam einschlafen lassen, so dass ich, irgendwann einmal, als Rentnerin Johanna Olbrich mich in der DDR niederlassen könnte. Aber eine Entscheidung darüber gab es nicht, nur eine Diskussion.

Einen abrupten und totalen Rückzug aus dem Gewerbe würde es natürlich nicht geben. Einmal Dienst, immer Dienst – diese Regel galt und gilt für alle Nachrichtendienstler auf der Welt. Wer anderes behauptet, hat entweder vom Geschäft keine Ahnung oder lügt. Die jahrelange aktive Tätigkeit verändert Haltung und Charakter. Ich will nicht von Deformation sprechen, aber Leben und Denken in zwei Welten führen zwangsläufig zu irreversiblen Bewusstseinsveränderungen. Wenn einmal der Rubikon überschritten war, gab es kein Zurück und man blieb dabei und unter seinesgleichen. Auch deshalb geht mir die Heuchelei von Ost- und Westdeutschen auf die Nerven, die sich mit westlichen Diensten damals und später eingelassen haben. Sie unterlagen den gleichen Mechanismen und damit Veränderungen wie wir. Unsereiner konnte – und das mit allem Recht der Welt – wenigstens für sich reklamieren, aus politischer Überzeugung und nicht wegen Geld, Anerkennung oder gar Abenteuerlust gehandelt zu haben. Die meisten unserer Kundschafter waren wie ich politische Überzeugungstäter, wir handelten im begründeten Wissen, dass wir zur Sicherung des Friedens beitrugen. Wenn die eine Seite wusste, was die andere vorhatte, verhinderten die geheim beschafften und übermittelten Informationen, dass falsche Schlüsse gezogen und fatale Entscheidungen getroffen wurden.

Jedoch: Mein Ausstieg erfolgte weder gemächlich noch planmäßig. Ich beging einen saudummen Fehler, der in diesem Geschäft tödlich ist. Zwar nannte mich niemand von meinen Genossen eine dumme Gans, wie ich es selbstkritisch tat, aber dies war eine schlichte Untertreibung. Jahrzehntelange Konspiration und Konzentration halfen da nicht: In wenigen Augenblicken war alles dahin, unwiederbringlich ging alles zu Ende.

Im Juli gingen, wie erwähnt, mein Chef und ich in den Jahresurlaub. Familie Bangemann reiste nach Indonesien, ich nach Italien. In Rom traf ich mich mit »Ewald«. Ich übergab ihm meine echten Reisedokumente, die auf Sonja Lüneburg lauteten. Im Gegenzug erhielt ich die in Berlin gefertigten Papiere, mit denen ich via Athen und Berlin nach Polen reisen wollte. Wir trafen uns zum Dokumententausch in einer von Touristen stark frequentierten Kirche in der Ewigen Stadt und verabredeten uns neuerlich in Athen. Es noch weitere Details meiner Reise zu besprechen, denn der Treff in Rom war notwendigerweise sehr kurz. Vor allem aber war der Zwischenstopp nötig, um meine Reiseroute zu verschleiern, zumal die Kontrollen bei Direktflügen nach Schönefeld ein wenig härter waren als in Athen, weshalb wir sie mieden.

Wir flogen mit verschiedenen Maschinen nach Griechenland und trafen uns in der Plaka, der Altstadt von Athen. Nach einem touristischen Programm flog ich nach Berlin-Schönefeld, von dort ging es mit Diplomatenpass gleich weiter nach Polen. Meine inzwischen 85-jährige Mutter freute sich, dass ich zwei Wochen ihr Gast war, sie erholte sich merklich und überlebte sogar ihren Schwiegersohn, meinen Schwager, der Ende 1991 versterben sollte.

Nach dem Urlaub kehrte ich auf der Südroute zurück.

In Rom traf ich mich, wie verabredet, wieder mit »Ewald«. Wir genossen den lauen Sommerabend, aßen und tranken guten italienischen Rotwein in einem der vielen Straßenrestaurants, zu dem ich direkt vom Flugplatz gefahren war. Darum hatte ich noch meine Reisetasche dabei, die ich von dem Fahrer des Taxis, das mich ins Hotel fuhr, in den Kofferraum heben ließ. Am Morgen wollte mir »Ewald« meine Lüneburg-Papiere, die er bei unserem Residenten in der DDR-Botschaft vor zwei Wochen deponiert hatte, im Tausch gegen die benutzten aushändigen. Ich stieg vorm Hotel aus, nachdem ich gezahlt hatte, und ehe ich mich versah, war das Fahrzeug verschwunden – mit meiner Reisetasche. Ich weiß nicht, ob das mit Vorsatz geschehen war oder ob auch er die Tasche vergessen hatte. Vermutlich nicht: Er hätte sie ja noch in der Nacht oder am nächsten Morgen ins Hotel zurückbringen können.

Neben meiner Kleidung und den gefälschten Reisepapieren, mit denen ich über Athen in Italien eingereist war und die »Ewald« übernehmen sollte, befanden sich in der Tasche 5.000 D-Mark und einige Zehntausend Lire. Vermutlich interessierte sich der Taxifahrer nur fürs Geld, alles andere dürfte er entsorgen. Aber konnte ich da sicher sein?

Ich bekam in der Nacht kein Auge zu.

Am nächsten Morgen traf ich mich mit »Ewald«. Auch er war davon überzeugt, dass sich der Fahrer nur fürs Geld interessieren würde. Aber auch er konnte nicht ausschließen, dass die Papiere vielleicht doch in der deutschen Botschaft landeten. Und weil niemand – natürlich nicht! – deren Verlust gemeldet hatte, würde man sich die Dokumente etwas genauer anschauen. Dass sie aus unserer Werkstatt in Berlin stammten, würden sie vielleicht noch nicht einmal merken. Aber es war nicht auszuschließen, dass es einen Datenabgleich – insbesondere einen Bildvergleich – mit den Diensten in der Bundesrepublik geben könnte: Mein Passfoto in einem Reisedokument mit anderem Namen … Damit war ich geliefert.

»Ewald« suchte die DDR-Botschaft auf und informierte die Zentrale in Berlin. Die Auskunft dort war nicht befriedigend, letztlich überließ man mir die Entscheidung. Ich entschloss mich, nach Bonn zurückzukehren, als sei nichts geschehen. »Ewald« instruierte mich vorsichtshalber über Benachrichtigungscode und die »Grenzschleuse Nord«, falls ich die Zelte abbrechen musste.

Am 29. Juli 1985 saß ich wieder an meinem Arbeitsplatz in der Bundeshauptstadt.

Unterdessen saßen in der Zentrale in Berlin die verantwortlichen Genossen und redeten sich die Köpfe heiß. Später erinnerte sich Markus Wolf an diese Stunden. »Die Meinungen schwankten hin und her. Nicht zum ersten Mal war in einer solchen Situation eine Entscheidung zu treffen. In jüngeren Jahren hätte ich vermutlich die Verantwortung für das Risiko übernommen. Es war damals auch fast immer gut gegangen. Aber nun lagen Jahre hinter uns, in denen es eine Reihe von Verhaftungen gegeben hatte, wir mussten manch Lehrgeld zahlen. Einige von unseren Frauen und Männern saßen in Gefängnissen. Hatte es Johanna verdient, nach zwanzig Jahren aufopferungsvoller Tätigkeit ein solches Schicksal zu teilen?

Wir entschieden uns für den Rückzug.«

Noch am Montagabend klingelte bei mir das Telefon. Eine mir vertraute Stimme erteilte mir per vereinbartem Kennwort die niederschmetternde Weisung, meine Wohnung zu säubern und am Samstag mit kleinem Gepäck von Köln mit der Bahn nach Lübeck zu fahren. Dort würde mich jemand treffen und zur Grenzschleuse fahren.

Ich hatte also eine Woche Zeit, meine Zelte abzubrechen. Adieu, Kundschafterleben in der Bundesrepublik, adieu Alterssitz in Österreich, lebt wohl, Freunde, aus deren Dasein ich nun verschwinden würde. Ich trug nach außen keine Trauer, aber dass mir diese letzten fünf Tage in Bonn nicht leicht fielen, lässt sich denken. Alles, was ich tat, geschah zum letzten Mal. Komisch, so muss es Menschen gehen, deren Erdentage gezählt sind und denen das Verrinnen der verbleibenden Zeit bewusst ist. Ich schied zwar nicht aus dem Leben, es würde in der DDR weitergehen, aber ich müsste mich auf andere Verhältnisse und andere Menschen einstellen. Mein Dasein würde sich von grundauf verändern, wäre künftig ruhiger, behüteter. Ob es sich auch verbesserte …? Ich würde fortan

*Im Lübecker Dom traf Johanna Olbrich den Schleuser*

das Schicksal der meisten DDR-Bürger teilen müssen. Ein Großteil der Welt und der Kultur wäre nun auch für mich verschlossen.

Am Freitag verabschiedete ich mich bei den Kollegen wie immer. Um den Vorsprung übers Wochenende hinaus zu vergrößern, sagte ich, dass ich einen Ausflug nach Belgien an die Nordseeküste machte. Es könne sein, dass ich am Montagmorgen etwas später käme. Man lächelte verständnisvoll, ich solle mir keine Sorgen machen, das merke niemand, wir haben das politische Sommerloch.

Ich beseitigte in der Wohnung alle Spuren, die auf eine geheimdienstdienstliche Tätigkeit oder auf eine Verbindung in den Osten hinwiesen, und schloss am Samstagmorgen die Wohnungstür hinter mir. Ich ließ alles zurück. Wenn man nach mir suchen sollte, weil ich in der FDP-Zentrale und im Ministerbüro vermisst wurde, dort jemand eine Vermisstenanzeige aufgeben und die Polizei die Wohnungstür öffnen würde, sollte diese eine völlig normales Quartier vorfinden. Nichts sollte auf einen finalen Abgang hindeuten. Ich musste sogar schweren Herzens in Kauf nehmen, dass meine Grünpflanzen verdorrten.

Ich stieg in mein Auto und fuhr nach Köln. In einer Tiefgarage in Bahnhofsnähe stellte ich den Fiat ab. Zum Abschied klopfte ich aufs Blech. Ich verlor keine Zeit und lief zum Bahnhof, um mir ein Ticket nach Lübeck zu kaufen.

Zur vereinbarten Uhrzeit fand ich mich auf dem Domvorplatz ein, der von Touristen bevölkert war. Mein Verbindungsmann, der mich angerufen und hierher bestellt hatte, steuerte mich direkt an, nachdem er sich vergewissert hatte, dass ich keinen Schatten hatte, und lief an mir vorbei. Ich folgte ihm unauffällig in die Kirche. Er hatte in der letzten Reihe Platz genommen. Ich setzte mich zu ihm. Es käme gleich noch jemand, der uns hinüberbringen würde, sagte der Genosse.

Der Schleuser erschien wie aufs Stichwort, nickte freundlich und sagte, er bringe uns jetzt nach Schlutup. Dort habe die Trave eine Ausbuchtung, durch deren Mitte die Grenze verlaufen würde. Drüben, auf DDR-Seite, wäre ein großes Waldgebiet.

Wir fuhren mit dem Bus in die Nähe des Flusses und liefen dann zu Fuß durch ein Waldstück. Der Himmel hatte sich inzwischen verfinstert, ein Unwetter zog herauf. Doch ehe unser Schleuser sein im Uferschilf verstecktes Ruderboot von seiner Tarnung befreien konnte, sahen wir einen Angler unweit von hier in seinem Kahn sitzen. Zu allem Überfluss begann es nunmehr auch noch wie aus Kannen zu schütten. Wir rückten zu dritt unter einem kleinen Regenschirm zusammen und hofften, dass der Angler nach Hause rudern würde. Doch der zog sich eine Plane über den Kopf und harrte unverdrossen aus. Endlich, wir waren inzwischen klatschnass, verdrückte er sich, er hatte die Hoffnung fahren lassen, dass der Gewitterguss nur kurz sein würde.

Der Genosse ruderte uns im Regen, der natürlich auch eine gute Tarnung war, über die Bucht. Er machte dies nicht zum ersten Mal, denn er fand gleich die Stelle am Ufer, wo wir bereits von DDR-Grenzern erwartet wurden. Nachdem wir ausgestiegen waren, drehte unser Schleuser sofort um und fuhr zurück. Uns beide steckte man in trockene Sachen, Uniformen natürlich, denn es hieß, wir würden auf dem Weg zum

Grenzstützpunkt an einer Stelle vorbeikommen, die vom Bundesgrenzschutz eingesehen werden könne. Und wenn die Beamten mit ihren Feldstechern und Nachtsichtgeräten eine Frau in Zivil sehen würden, begänne drüben das große Grübeln. Es sei also besser, wenn ich so lange als Major der Grenztruppen herumliefe.

In der Kaserne erwartete mich »Toni« aus Berlin. Wir stiegen in sein Auto und fuhren in die Hauptstadt. »Toni« hatte eine Flasche Cognac dabei, damit wir uns innerlich wärmten, wie er mir sagte, und so einer möglichen Erkältung vorbeugten. Aber das schien nur vorgeschützt. Er konnte ja vorher nicht wissen, dass wir nass wie begossene Pudel in die DDR zurückkehren würden. Ich war davon überzeugt, er wollte mir, bevor er mir reinen Wein einschenkte, reinen Weinbrand geben. Alkohol nimmt bekanntlich, zumindest für kurze Zeit, den Schmerz. Was mir schon längst klar war, sagte er mir nun offiziell: Ich würde nicht wieder ins Operationsgebiet zurückkehren. Erstens wegen der Gefahr meiner Enttarnung, zweitens wegen der Politik. Zwar schätze die Zentrale die Wahrscheinlichkeit, dass ich aufgrund des Taschendiebstahls in Rom auffliegen könnte, als ziemlich gering ein. Aber ein Restrisiko existiere objektiv. Und Berlin, zweitens und hauptsächlich, konnte keinen zweiten Fall Guillaume gebrauchen. Darum war Honecker über meinen Vorgang informiert worden. Er billigte die Entscheidung, mich sofort zurückzuziehen, er wollte den Gesprächsfaden zu Kohl nicht abreißen lassen. EH hatte am 12. März d. J., am Rande der Trauerfeier für den KPdSU-Generalsekretär Tschernenko, den Bundeskanzler in Moskau erstmals getroffen. Es musste darum auch verhindert werden, dass die Tatsache publik wurde, dass im Vorzimmer eines Bonner Kabinettmitgliedes ein DDR-Spion gearbeitet hatte. Darum wies Honecker an, mich nach meiner Rückkehr konspirativ unterzubringen. Keine Pressekonferenz wie 1980 bei Ursel Lorenzen, der zurückgezogenen Sekretärin und Kundschafterin im NATO-Hauptquartier.

Wie gering die Gefahr meiner Enttarnung war, wurde erst nach dem Ende der DDR offenbar. Erst nachdem die Unterlagen des MfS von den westlichen Diensten gefleddert worden waren, kam man auf meine Spur.

Wären wir 1985 nicht so übervorsichtig gewesen, wäre mein weiteres Leben ganz anders verlaufen.

Ich kam also in »Quarantäne«. Man brachte mich in einem Haus im Grünen in Berlin-Weißensee unter. Dort bezog ich das Obergeschoss, die »Herbergseltern« lebten zu ebener Erde. Das konspirative MfS-Objekt durfte ich nur mit Perücke und Brille verlassen. Markus Wolf, tröstete mich, weil ich mit meinem Schicksal haderte: »Ein Rückzug ist keine Niederlage!«

Unterdessen suchte man in der Bundesrepublik nach der verschollenen Sonja Lüneburg.

Am Montag, dem 5. August, begannen meine Kollegen in Bonn unruhig zu werden. Sie zogen Erkundigungen bei der Polizei und in Krankenhäusern ein, weil sie vermuteten, ich sei Opfer eines Verkehrsunfalls geworden oder wegen einer akuten Erkrankung in ein Spital eingeliefert worden.

Als die Nachforschungen nichts ergaben, informierten sie am nächsten Tag Minister Bangemann über die Botschaft in Djakarta. Er und seine Frau gaben sich sehr besorgt, was gewiss nicht gespielt war. In der Nordsee, das hatten sie am anderen Ende der Welt erfahren, gab es ein Sturmtief. Vielleicht hatte Sonja einen Badeunfall, kam aus Indonesien die Vermutung.

Als ich dies alles beim Prozess hörte, war ich noch nachträglich angerührt von so viel Mitgefühl.

Beamte des Schutzbereichs 3 der Polizeiwache in Bonn-Duisdorf fuhren noch am Dienstagabend zu meiner Wohnung. Ich hatte dem Nachbarn einen Wohnungsschlüssel gegeben für Notfälle. Er gab ihnen den, damit sie die Tür öffnen konnten. Die Polizisten nahmen zu Protokoll, dass das Bett nicht gemacht und eine Kaffeetasse in der Küche nicht abgewaschen war, ein Kleid lag über einem Stuhl. Das interpretierten sie als »überhastetes Verlassen« und forderten Spezialisten an. Diese rückten mit viel Technik an, denn der Verdacht stand im Raum: War diese Wohnung ein Spionagenest? Man erinnerte sich früherer Fälle, zwischen 1967 und 1979 waren in Bonn 15 Sekretärinnen enttarnt und/oder abgezogen worden, allein fünf im Jahre 1979.

Generalbundesanwalt Kurt Rebmann, einst Mitglied der NSDAP, leitete wegen eines »Anfangsverdachtes« ein Ermittlungsverfahren ein, worüber Bangemann in Indonesien ebenfalls informiert wurde. Der Minister erklärte daraufhin: »Das traue ich ihr nicht zu, das glaube ich einfach nicht.«

Dennoch brach der Minister sofort seinen Urlaub ab und kehrte nach Bonn zurück.

Auch die Presse bekam Wind von meinem Verschwinden und beteiligte sich an den Spekulationen.

Das lag nicht nur an der nachrichtenarmen Zeit im sogenannten Sommerloch, sondern hing mit ähnlichen Fällen zusammen, die durchsickerten und sich schließlich zu einer Agentenhysterie auswuchsen. Die Blätter des Springer-Konzerns behaupteten bereits am 8. August, dass der »Fall Lüneburg« der schwerste Spionagefall seit Günter Guillaume sei.

Zehn Tage nach mir, am 16. August, verschwand Ursula Richter gemeinsam mit ihrem Freund, der beim Bundeswehrverwaltungsamt angestellt war. Sie arbeitete als Sekretärin beim Bund der Vertriebenen und wurde schon geraume Zeit vom Verfassungsschutz observiert. In ihrer Wohnung fanden die Schnüffler eine als Container präparierte Tasche und Dokumente, die als Spionagematerial gewertet wurden. Auch Ursula Richter war rechtzeitig von der Zentrale zurückgezogen worden.

Zwei Tage später, am 18. August, flüchtete Hansjoachim Tiedge, Gruppenleiter für die Spionageabwehr DDR im Bundesamt für Verfassungsschutz, nach Berlin.

Am 24. August wurde Margret Höke, Chefsekretärin im Bundespräsidialamt, festgenommen. Der Verfassungsschutz »bearbeitete« sie bereits seit Anfang des Jahres wegen Spionageverdacht. Anfang August war sie bei einem Treff in Kopenhagen observiert worden. (Das Oberlandesgericht Düsseldorf sollte sie 1987 zu acht Jahren Haft verurteilen, weil sie für die sowjetische Aufklärung gearbeitet hatte.)

Die Bundesanwaltschaft ermittelte akribisch in meiner Sache. Man überprüfte die Meldeunterlagen in Westberlin und Offenbach, nahm Bildvergleiche und Schriftproben vor, befragte Personen, die mit

»Sonja Lüneburg« zu tun hatten. Dabei stieß man auf eine Lücke, die in »meinem« Lebenslauf von September 1966 bis Dezember 1967 klaffte.

Aber entscheidendes Indiz für den Verdacht, dass ich ein »Flitzer« sei – so nannte man der Spionage verdächtigte Personen, die überstürzt ihre Wohnung verlassen und nach Unbekannt verschwunden waren – blieb das Untertauchen selbst.

Ich war bei meiner Einstellung im Bundeswirt-schaftsministerium mehrmals ergebnislos überprüft worden, allerdings hatte ich »vergessen«, Lichtbilder an den Fragebogen zu heften, was damals niemand monierte. Nun jedoch wurde dies als unverzeihliche Sünde kritisiert.

Es schien ein gefundenes Fressen für die Auseinandersetzung zwischen der rot-grünen Opposition und der schwarz-gelben Regierungskoalition.

Kanzler Kohl sprach zwar von einer Belastung der Beziehungen zur DDR, aber es war erkennbar, dass

**Die Geschäfte gehen weiter, als wäre nichts gewesen**
Bayerns Ministerpräsident und der SED-Chef Erich Honecker, die sich am vergangenen Sonntag in Leipzig trafen, wollen den Schaden aus dem Spionageskandal begrenzen

*Strauß gelassen zum* Stern: *Heuchler oder ahnungslos*

die politisch Verantwortlichen in West und Ost die Sache herunterspielten. Bayerns Ministerpräsident Strauß, dem die Medien die Reise zur Leipziger Herbstmesse im September und das geplante Treffen mit Honecker auszureden versuchten, erklärte gegenüber dem *Stern*: »Es hat keinen Sinn, sich über Spionage aufzuregen. Wer es dennoch tut, verrät damit entweder Unkenntnis oder Heuchelei.«

Auch Dieter von Würzen, Staatssekretär im Bundeswirtschaftsministerium, besuchte die Leipziger Herbstmesse, und Erich Honecker machte, wie gewohnt, seine Aufwartung an den Messeständen von BRD-Firmen. Willy Brandt, Vorsitzender der SPD, reiste am 18. September 1985 in die DDR und traf ebenfalls mit Erich Honecker zusammen.

Business as usual war angesagt.

# Neues Leben in der DDR

Mein »Aussetzen in die freie Wildbahn« begann mit der Suche nach einer Wohnung. Zunächst hatten die Genossen ein Quartier in Berlin-Hellersdorf erwogen, doch dagegen stand die Vergabepolitik der zuständigen Stellen: Eine alleinstehende Person hatte Anspruch auf maximal anderthalb Zimmer, mehr nicht. Ich war wegen der Absage nicht traurig. Eine junge Großstadt, bestehend aus Neubaublöcken, zwischen denen die frisch gepflanzten Bäumchen und Sträucher erst noch wachsen mussten, um den Kiez wohnlich zu machen, war nicht nach meinem Geschmack. Mich zog's, gewiss auch vom provinziellen Bonn und seiner Umgebung infiziert, ins Grüne und in eine Kleinstadt.

»Schorsch« Neumann, der mein Partner zu Beginn meiner Tätigkeit bei der HV A war, half mir bei der Suche. Er arbeitete inzwischen in einer Abteilung, die für die zurückgekehrten Kundschafter verantwortlich war. Niemand wurde seinem Schicksal überlassen, es erfolgte eine fürsorgliche Betreuung. Mit »Ewald«, gelegentlich auch mit »Toni«, fuhr ich durchs Berliner Umland und hielt Ausschau nach einer Bleibe. Aber wir fanden nichts, was mir zusagte. Einmal war ich auf der Datsche von Markus Wolf in Prenden nordöstlich von Berlin. Die kleine Gemeinde am Eingang zur Schorfheide war nicht nur sein Refugium – unweit des Ortes, das aber wusste ich damals nicht, lag auch der Regierungsbunker der DDR, der erst wenige Jahre zuvor fertiggestellt worden war.

Mischa fuhr mit mir ins nahegelegene Bernau und machte einen Stadtrundgang mit mir. Sein Bruder Konrad, bis zu seinem Tod 1982 Filmregisseur und Präsident der Akademie der Künste der DDR, war mit der Roten Armee nach Deutschland zurückgekehrt und in Bernau erster Stadtkommandant. Diese Erfahrung hatte er in seinem berührenden Film »Ich war 19« mit Jaecki Schwarz in der Hauptrolle verarbeitet. Bernau hatte den Antifaschisten und Künstler zum Ehrenbürger gemacht, am Rathaus erinnerte eine Tafel an ihn. (Heute nicht mehr.)

Die Bernauer Innenstadt wurde aktuell völlig umgestaltet, für eine aufwendige Restaurierung der alten Fachwerkbauten fehlten die Mittel. So hatte man sich schweren Herzens entschlossen, die meisten abzureißen und mit industriell gefertigten Bauelementen eine moderne »Altstadt« hinter die historische Stadtmauer zu setzen. Dieses städtebauliche Konzept überzeugte nicht nur die Bernauer, die nunmehr eine Neubauwohnung mit Zentralheizung und Bad bekamen, auch mir gefiel es auf Anhieb. Hinter der Stadtgrenze begann der Wald mit vielen Seen, die S-Bahn brachte einen rasch nach Berlin, wo es viel Kultur gab.

»Schorsch« half mir, mein Nest in Bernau unweit der Stadtmauer in der Breiten Straße 6 zu bauen.

Allerdings musste ich mich dabei erst an DDR-Verhältnisse beim Einrichten der Wohnung gewöhnen. Nachfragen und Anstehen waren Regel, nicht Ausnahme. Ich glaube, ich habe nahezu alle entsprechenden Geschäfte in der Hauptstadt mehrmals abgeklappert, ehe ich etwa die richtige Auslegware für meine Zweieinhalbraum-Wohnung mit Balkon bekam.

*Johanna Olbrich, 1986*

*Die Innenstadt von Bernau: Vom Marktplatz (Mitte) nach links oben führt die Breite Straße. In den Neubaublock, Eingang Nr. 6, zog Johanna Olbrich ein*

Noch schwieriger war es mit der Wohnzimmergarnitur. Ich brauchte keine vier Sessel, zumal dafür ohnehin der Platz nicht genügte. Das aber schien mancher Möbelverkäufer nicht zu verstehen.

Offiziell war ich nun Rentner und vom Auslandseinsatz als DDR-Diplomat zurückgekehrt. Ich hatte Zeit und Muße und konnte nachholen, was ich in den Jahren »draußen« schmerzlich entbehrt hatte. Ich konnte häufig und problemlos zu meiner Familie nach Polen reisen, oder diese kam zu mir. Schwester, Schwager und Neffen besuchten mich. Meine Mutter blieb meist mehrere Wochen und ließ sich von mir verwöhnen.

Ich fand rasch Freunde in der Stadt und schloss mich der Parteiorganisation der zurückgekehrten Kundschafter an. Da waren Frank und Ilse, in deren Garten wir sommers grillten und manches Fest feierten. Mit Wolfgang und Anita besuchte ich Konzerte und Theateraufführungen. Oft war ich mit Ewald und seiner Familie zusammen. Udo überredete mich, regelmäßig Sport zu treiben. Ich wurde Mitglied der Sportvereinigung »Dynamo« und fuhr zum Schwimmtraining ins Sportforum Weißenseer Weg. Ich nahm an Veranstaltungen der Volkssolidarität teil, schließlich war ich Rentnerin. Auch dort fand ich sehr schnell neue Freunde, etwa Elsbeth. Mit ihr unternahm ich Fahrten zu ihren und auch zu meinen Verwandten, wir besuchten verschiedene Gegenden und teilten die Freude am Entdecken von Naturschönheiten. Ich reanimierte meine Beziehungen zu Studienkolleginnen und organisierte in verschiedenen Orten Klassentreffen. Mit Bekannten fuhr ich auch ins Ausland: nach Kuba, Rumänien, in die Mongolei, in die Sowjetunion. Mein Interesse an fremden Kulturen war ungebrochen. Im Oktober 1989 reiste ich mit Wolfgang und Anita nach China. Dabei lernte ich Heinz und Annelies Kimmel – sie sollte nach unserer Rückkehr für wenige Wochen Vorsitzende des FDGB werden – und Jürgen Rammler kennen.

In Fernost war die DDR sehr weit weg. Wir bekamen dort so gut wie nichts von den Entladungen der innenpolitischen Spannungen daheim mit. Natürlich hatte ich, bevor ich aufbrach, die Nachrichten aufmerksam und mit Sorgen verfolgt. Ich wusste von den stetig anschwellenden Montagsdemonstrationen in Leipzig, sah im Fernsehen die Bilder aus den von geflüchteten DDR-Bürgern besetzten bundesdeutschen Vertretungen in Budapest, Prag und Warschau, registrierte mit wachsendem Unverständnis die Sprachlosigkeit der DDR-Führung. Honecker war operiert worden, fiel krankheitsbedingt aus, und niemand traute sich, etwas an seiner Stelle zu entscheiden. Jetzt rächte sich, dass die gesamte Politik des Landes auf eine einzige Person zugeschnitten war. Die politische DDR versank sichtlich in Agonie, während der Klassengegner im Westen mobil machte. Das war täglich auf den Westkanälen des Fernsehens zu besichtigen.

Da uns in Peking die spärlichen Agenturmeldungen nicht befriedigten, versuchten wir, in der DDR-Botschaft etwas zu erfahren. Die wussten nicht viel mehr. Ich fragte in der BRD-Botschaft nach. Die waren auch nicht besser dran.

Als wir in die Heimat zurückkehrten, war Honecker nicht mehr im Amte und Egon Krenz an seine Stelle getreten. So sehr er sich auch mühte: Das Staatsschiff trieb bereits kieloben, da war nichts mehr zu retten. Die Staatskrise hatte ihre eigene Dynamik und wurde nicht mehr beherrscht. Es war wie der Wettlauf zwischen Hase und Igel: Die Staats- und Parteiführung hechelte der Entwicklung nur noch hinterher.

Dann kam jener 9. November 1989.

Auf einer Pressekonferenz zur 10. Tagung des ZK trug Politbüromitglied Schabowski das neue Reisegesetz vor, nachdem ein in der Woche zuvor im *Neuen Deutschland* veröffentlichter Entwurf nach allgemeinen Unmutsbekundungen zurückgezogen werden musste. Die verweigerte Freizügigkeit war in den letzten Jahren zum Trauma der DDR-Bevölkerung und zu einem Zentralpunkt der Kritik an den bestehenden Verhältnissen geworden. Zwar hatte die DDR-Führung die Praxis gelockert und ließ inzwischen nahezu jeden fahren, der eine »dringende Familienangelegenheit« vorgab, wobei dafür schon die Kindtaufe des Großcousins oder der 48. Geburtstag des Onkels reichte. Aber wer keine Verwandten im Westen hatte, konnte weder im Intershop kaufen noch in die Bundesrepublik fahren. Diese Ungerechtigkeit ließ die vielen anderen selbstverständlichen Gerechtigkeiten, von denen die Bundesbürger nur träumten, zunehmend in den Hintergrund treten: Demokratie am Arbeitsplatz, Stipendien für alle Studenten, bezahlbare Mieten, ausreichend Lehrstellen und danach auch eine Arbeitsstelle und so weiter. Das spielte keine Rolle, wenn einem ein elementares Menschenrecht verweigert wurde. Der Hinweis auf fehlende Devisen war nur bedingt überzeugend. Man kam als Jugendlicher auch für kleines oder gar kein Geld durch die Welt.

Im neuen Reisegesetz, das Schabowski auf jener Pressekonferenz vortrug, fehlte der einschränkende Passus mit den Reisegründen: Jeder, der die DDR verlassen wollte, ob besuchsweise oder für immer, konnte die Staatsgrenze passieren, sobald er einen entsprechenden Stempel im Pass hatte, er sollte nicht mehr begründen müssen, warum er reisen wollte. Das alles trug also der merklich unkonzentrierte Schabowski der versammelten Presse vor, und auf die Nachfrage des DDR-Korrespondenten der *Bild*, Peter Brinkmann, ab wann dieses neue Gesetz denn gelte, stammelte der unvorbereitete Funktionär, indem er den Sperrvermerk dieser Meldung übersah: »Das trifft nach meiner Kenntnis … ist das sofort, unverzüglich.«

Die Meldung wurde umgehend von den Westmedien verbreitet, und es dauerte nur Minuten, bis sich an den Berliner Grenzübergangsstellen die Massen versammelten. Die völlig überrumpelten Grenzer – sie hatten keine Informationen zuvor erhalten und handelten stundenlang in eigener Verantwortung – hoben die Grenzbäume statt die Läufe ihrer Maschinenpistolen, wie es für solche Fälle vorgesehen war. Sie handelten in der Tat mit großer Umsicht, denn wäre auch nur ein Schuss gefallen, wären die Folgen unübersehbar gewesen.

Doch mit der irregulären Öffnung der Grenze – was objektiv einen Verstoß gegen internationales Recht darstellte: in der Vier-Mächte-Stadt Berlin hatten unverändert die Alliierten das Sagen – war der Stöpsel aus der Wanne gezogen: die DDR lief leer.

Ich war fassungslos, denn mir war bewusst, dass damit mein Land nicht mehr zu halten war. Die wenig spannende Frage, die blieb, lautete: Wie lange würde es noch dauern, bis die politischen und wirtschaftlichen Verhältnisse in Ostdeutschland vollständig kapitalistisch restauriert sein würden? Bis also 16 Millionen Menschen eine historische Epoche zurückgeworfen und die Menschheit um eine Hoffnung ärmer sein würden.

Dass eventuell die westdeutsche Justiz nach mir langen würde, fürchtete ich nicht. In den verflossenen fünf Jahren hatten wir keinerlei Hinweise darauf erhalten, dass weitere Nachforschungen gegen mich angestellt worden waren. Die Generalbundesanwaltschaft hatte nach Jahresfrist das am 7. August 1985 eingeleitete Ermittlungsverfahren wegen des Anfangsverdachts der geheimdienstlichen Agententätigkeit gegen »alias Sonja Lüneburg« eingestellt. »Sonja Lüneburg« ging 1985 verschollen. Die seither in Bernau bei Berlin gemeldete Johanna Olbrich hatte nichts mit ihr zu tun. Und die tatsächliche Sonja Lüneburg, deren Namen ich zweitweise getragen hatte, war psychisch krank und befand sich, wie ich hörte, seit Jahren in einer geschlossenen Einrichtung.

Am 3. Oktober 1990 wurde ich zum zweiten Mal Bundesbürger. Diesmal jedoch ohne mein Zutun.

Mischa Wolf und seine Frau Andrea, die ich regelmäßig in Prenden besuchte und deren Katzen ich versorgte, wenn sie im Urlaub waren, hatten sich kurz vorher nach Österreich abgesetzt. Der Ex-Chef der DDR-Aufklärung war in der Bundesrepublik zur Fahndung ausgeschrieben. Es war so sicher wie das Amen in der Kirche, dass er unmittelbar nach der staatlichen Vereinigung, die ich als Okkupation der DDR betrachtete, verhaftet werden würde. Sein Antrag auf politisches Asyl in Österreich war aber abgelehnt worden; Wien fürchtete mit Recht den Druck, den Bonn danach ausüben würde. Deshalb ließ man sich dort nicht darauf ein und zeigte sich abweisend. Die CIA – dreimal darf man raten warum – bot ihm »Schutz« vor den bundesdeutschen Behörden in den USA an, was Mischa natürlich ablehnte. Zudem stand dahin, ob dies auch funktioniert hätte. Denn als er später ein Visum für die USA beantragte, um dort seine in 13 Ländern erschienenen Erinnerungen vorzustellen, verweigerte man ihm die Einreise. Am Montag, dem 9. Juni 1997, erklärte der Sprecher des Außenministeriums beim täglichen Presse-Briefing: »Markus Wolfe Ineligible for U.S. Visa Due to Terrorist Activity.« Also wegen »terroristischer Aktivitäten« ließ man ihn nicht ins Land. Vielleicht war das auch die späte Rache dafür, dass er die damalige Offerte abgelehnt hatte?

Von Österreich zogen Markus und Andrea Wolf nach vier Wochen weiter in die untergehende Sowjetunion. Dort blieben sie aber nicht lange. Sie kehrten mangels einer Perspektive und auch mit dem Willen zu kämpfen über die Alpenrepublik nach Deutschland zurück.

»Am 24. September 1991 überschritt ich die Grenze in Bayerisch Gmain, wo der Bundesanwalt, dem ich vor Gericht viele Monate lang gegenübersitzen sollte, mich schon erwartete. Der Triumph, meiner endlich habhaft zu werden, war ihm vom Gesicht abzulesen«, schrieb er in seinen Memoiren. Von dort brachte man sie in zwei gepanzerten Limousinen nach Karlsruhe. Nach sieben Tagen Haft entließ man Markus Wolf mit Auflagen. Im Mai 1993 wurde vor dem Oberlandesgericht Düsseldorf gegen ihn prozessiert.

*Andrea und Markus Wolf, 2005*

»Wegen Landesverrat in Tateinheit mit Bestechung« verurteilte man ihn am Ende zu sechs Jahren.

Das Urteil war absurd: Welches Land sollte er verraten haben? Er war Staatsbürger der DDR, nicht der Bundesrepublik. Selbst frühere politische Gegner zollten dem ehemaligen Chef unserer Auslandsaufklärung Bewunderung und Respekt. Egon Bahr, bekannt dafür, mit seiner Meinung nicht hinterm Berg zu halten, antwortete auf eine entsprechende Journalistenfrage: »Mensch, wir wären natürlich glücklich gewesen, wenn wir einen solchen Mann mit dessen Fähigkeiten an unserer Seite gehabt hätten, der für uns gearbeitet hätte.«

*Gartenfest mit Markus Wolf und Johanna Olbrich, 1999*

Ich selbst war in diesem Verfahren Zeuge Nr. 61. Ich sollte am 23. Juni gegen meinen Freund und ehemaligen Chef aussagen. Wohl wissend, dass mir in wenigen Wochen das gleiche Gericht den Prozess machen würde.

Bis dahin aber verging noch einige Zeit.

# Die Enttarnung

Am Nachmittag des 11. Juni 1991, einem Dienstag, klingelte es an meiner Wohnungstür in Bernau. Ich öffnete ahnungslos. Mehrere Männer drängten in meinen kleinen Flur. Sie wiesen sich als Beamte des Bundeskriminalamtes aus. Einer hielt mir einen Haftbefehl unter die Nase.

Die Festnahme erfolgte diskret und unauffällig. Niemand im Haus Breite Straße 6 bekam davon etwas mit. Erst als die Zeitungen Tage später meine Verhaftung meldeten, wurde die Sache publik.

Es wäre die Unwahrheit, würde ich behaupten, dass ich von dem Zugriff überrascht war. Seit dem 3. Oktober 1990 wurden, wie ich über meine Verbindungen wusste, ehemals hauptamtliche Mitarbeiter des MfS vernommen. Einige wenige hatten sich bereits vorher den westlichen Geheimdiensten angedient und Genossen ans Messer geliefert, und manch Ehemaliger erzählte bei der Vernehmung mehr, als unbedingt notwendig war. Außerdem standen die Archive des MfS zum Plündern jedermann offen. Geheimdienste, Redaktionen und die Ermittlungsbehörden bedienten sich. Auch wenn mir meine Genossen versicherten, dass alle relevanten Unterlagen damals mit Zustimmung des Runden Tisches, also auch der Bürgerbewegten, vernichtet worden seien, um unsere Quellen im Ausland zu schützen, hatte ich so meine Zweifel. Ich kannte die preußische Gründlichkeit meines einstigen Auftrag- und Arbeitgebers, da wurde nichts weggeworfen, ehe nicht mindestens zwei Kopien angefertigt und abgelegt worden waren. So hatte ich denn prophylaktisch Dr. Hubert Dreyling, Rechtsanwalt aus Berlin-Schöneberg, beizeiten das Mandat erteilt, im Falle des Falles meine Vertretung zu übernehmen.

Der Mittvierziger kam auch sofort in die JVA Köln-Ossendorf, wohin man mich direkt von Bernau aus verbracht hatte. Dreyling, das will ich eingangs gleich festgestellt haben, erfüllte diese Aufgabe engagiert und mit großer Zuverlässigkeit. Er übernahm in jener Zeit auch das Pflichtmandat von Erich Mielke, als dieser wegen zweier Polizistenmorde 1931 vom Berliner Landgericht angeklagt wurde.

Der Vorwurf des Landesverrats, den die Bundesanwaltschaft erhob, war sichtlich auf Sand gebaut. In den Fahndungsunterlagen gab es lediglich ein Jugendbildnis von mir, genauer: einen Ausschnitt aus einem Gruppenfoto von schlechter Qualität, auf dem ich mich nur schwer von den Abbildungen der echten Sonja Lüneburg in jungen Jahren unterschied. Damit war mit Sicherheit keine erfolgreiche landesweite Bildfahndung durchgeführt worden. Wie also wollten sie mich gefunden und identifiziert haben?

Der Verdacht lag nahe, dass auch ich von einem Insider verraten worden war.

Diese Vermutung bestätigte die *Mitteldeutsche Zeitung* schon am 15. Juni 1991. »Dass der Verfassungsschutz den Weg der falschen Sonja Lüneburg so mühelos nachzeichnen konnte, ist einem Doppelagenten zu danken, der offenbar die Vorgeschichte der beiden Sonjas kannte.« Damit lag die Zeitung richtig, wie ich schon bald erfahren sollte.

*Rainer Rupp (»Topas«) und Werner Großmann, seit 1986 Chef der DDR-Aufklärung, in Berlin, 2011*

Der vermeintliche »Doppelagent« war ein Ex-Offizier des MfS, der von meiner Existenz wusste

In der Hauptverhandlung trat am zweiten Verhandlungstag Oberst Ingolf Freyer als Zeuge der Bundesanwaltschaft auf und belastete mich schwer. Sollte er jener »Doppelagent« gewesen sein? Schwer zu sagen.

Auch Oberst des MfS Heinz Busch war als Zeuge benannt worden. Der aber kannte mich nicht, sein Gebiet war militärische Informationen. Als stellvertretender Abteilungsleiter in der Auswertung der HV A besaß er die Übersicht, darum war er ja von der Aufklärungsleitung an den Runden Tisch delegiert worden. Er lenkte, das nur nebenbei, die Ermittler auch auf die Spur von Rainer Rupp (»Topas«).

Als Erstes räumte man mein Konto ab. Der Generalbundesanwalt unterstellte, ich hätte einen Agentenlohn von 60.000 DM bekommen – worauf er diese Annahme gründete, wusste allein Alexander von Stahl, ein rechtslastiger ehemaliger FDP-Politiker, der 1990 dieses Amt von Rebmann übernommen hatte. (Stahl sollte, auch das nur nebenbei, schon drei Jahre später von der Justizministerin Sabine Leutheusser-Schnarrenberger in den Ruhestand abgeschoben werden.) Diese 60.000 DM waren das sogenannte Verfallsgeld, das sie bei allen Kundschaftern einzogen, derer man habhaft wurde. Bei einigen sollen das sogar mehrere Hunderttausend DM gewesen sein.

Sodann wurden die 2.653,40 DM, die man beim Verkauf meines zurückgelassenen Pkw bekommen hatte, ebenfalls der Staatskasse zugeschlagen. Es blieb noch ein vierstelliger Restbetrag, den ich nach dem Verfahren – abgesehen von den Gerichtskosten – zur vollständigen Begleichung des »Verfallsgeldes« von meiner Rente aufzubringen hatte.

Die betrug damals 802 DM im Monat.

*Horst Jaenicke, Rainer Rupp, Sylvia-Yvonne Kaufmann, damals noch Bundesvize der PDS, Bernd Kaufmann und Johanna Olbrich, 2001*

# Die Untersuchungshaft

Am Tage nach meiner Verhaftung, am 12. Juni 1991, wurde ich erstmals dem Ermittlungsrichter beim Bundesgerichtshof vorgeführt. Er ordnete Untersuchungshaft an und stützte sich dabei im Wesentlichen auf die Begründung aus dem Haftbefehl aus dem Jahr 1985.

An diesem formalen Akt nahm auch mein Anwalt teil. Ich hatte mich mit Dr. Hubert Dreyling darauf verständigt, dass ich zu den Vorwürfen umfassend aussagen würde – mit einer Ausnahme: Ich würde jede Aussage zu mir in der operativen Arbeit bekannt gewordenen MfS-Mitarbeitern, gleich ob es hauptamtliche oder inoffizielle waren, konsequent verweigern. Ich meinte deshalb aussagen zu können, weil ich annahm, dass meine Rolle als Sonja Lüneburg inzwischen lückenlos ermittelt worden war. Da dürfte es kaum noch Geheimnisse geben, und wenn ich mich kooperativ zeigte, würdigte das Gericht vielleicht meine Haltung. Allerdings machte ich mir diesbezüglich keine Illusionen. Natürlich saß hier Klassenjustiz zu Gericht, denn allein die Vorhaltungen – die später in die Anklageschrift einflossen – zeigten doch, wes Geistes Kind die Richter und der Staatsanwalt waren.

Mit Dreylings Hilfe informierte ich meine Freunde, Bekannten und Genossen, organisierte, dass man sich um meine Wohnung kümmerte und meine Familie in Polen über meinen Verbleib in Kenntnis setzte. Auch wenn mein Anwalt sofort einen Haftprüfungsantrag stellte, erwartete ich nicht, dass man mich wieder nach Hause entließ. Dazu hatte man doch die Kavallerie nicht in die fast in Asien liegende Mark Brandenburg geschickt. – Die Untersuchungshaft sollte, was ich damals natürlich nicht wissen konnte, erst am 28. August enden, als man mich gegen Kaution auf freien Fuß setzte.

Die Haft war eine für mich völlig neue Erfahrung.

Ich war nicht nur in meiner Bewegungsfreiheit eingeschränkt, sondern auch in meiner Kommunikation. Alles war reglementiert und musste schriftlich beantragt werden. Bis zur Bewilligung eines Fernseh- und Rundfunkempfängers vergingen sechs Wochen. Am 23. Juli bekam ich mein Fenster zur Welt in die Zelle, die beschönigend Verwahrraum hieß.

Ich lernte Pia Majunke aus Bad Honnef kennen, die etwa in meinem Alter war. Sie wurde meine Knast-

*Johanna Olbrich (links) beim Kaffeekränzchen mit Freundinnen aus der Studienzeit in den 50er Jahren in ihrer Bernauer Wohnung*

schwester. Unsere Verbindung riss auch nach der U-Haft nicht ab. Wir beide umrundeten täglich den Hof im Schnellgang. So kamen wir auf 20 Runden, etwa 2,5 Kilometer. Auf diese Weise hielten wir uns körperlich fit. Und für den Kopf gab es Bücher, die man sich in der Gefängnisbibliothek ausleihen konnte.

Einzig meine Beißwerkzeuge bereiteten mir Sorgen. Der Arzt zog mir gleich bei Haftantritt zwei Zähne und ging anschließend in den Urlaub, eine Vertretung gab es nicht. Das wäre noch zu verkraften gewesen, wenn diese beiden Zähne nicht eine Brücke gehalten hätten, die nun überflüssig geworden war. Das Kauen war mit einem halben Gebiss sehr beschwerlich, beim Sprechen zischte ich wie meine polnische Verwandtschaft, und auch das Lachen verkniff ich mir: Nicht jeder musste meine Trümmerlandschaft im Mund besichtigen. Und da wir schon bei den kleinen Eitelkeiten sind: Natürlich hatte ich meine Haare, die zunehmend grauer wurden, gefärbt. Das unterblieb nun zwangsläufig in der Haft. So sah ich denn bald ziemlich gescheckt aus wie eine alte Katze.

In Bernau, so bekam ich mit, machte die Nachricht von meiner Verhaftung die Runde. Neben jenen, die ihre Sympathie bekundeten, regten sich auch die üblichen Kleffer. Meine beste Freundin Elsbeth wurde beschimpft, weil sie Beziehungen zu dieser »Stasi-Hexe« unterhielt. Sie stand unverändert zu mir und verteidigte mich, wofür ich ihr sehr dankbar war.

Elsbeth kümmerte sich um die Wohnung, goss die Blumen, leerte den Briefkasten, machte die Wäsche und schrieb mir, sie werde mich mindes-tens einmal im Monat besuchen kommen, egal, wie lange ich einsitzen müsste. Ich fand dies rührend, wie überhaupt jede Solidaritätsbekundung einem Inhaftierten Kraft gibt. Denn machen wir uns nichts vor: Wenn sich die Tür hinter einem schloss, war man mit sich allein. Man war ab- und weggeschlossen und begann zu grübeln. Da half einem das Wissen wenig, dass man einmal Mitglied in einer Millionenpartei war, dass einem hohe staatliche Ehrungen und viel Lob von Vorgesetzten zuteil geworden waren. In der Zelle war man auf sich selbst zurückgeworfen.

Da wurde jedes noch so winzige Zeichen menschlicher Nähe zu einer unendlich großen Geste. Ich heulte wie ein Schlosshund, als ich Post aus Polen bekam. Meine Familie war zwar sichtlich konsterniert, dass ich nunmehr ein Spion sein sollte, über den man abfällig in der Zeitung schrieb. Aber es kam kein Wort des Vorwurfs. Sie nahmen mich als Menschen an, unsere Beziehung blieb davon unberührt.

In Bernau umrundeten die Paparazzi im Rudel unseren Wohnblock, in der Fußgängerzone und im Haus versuchten die Boulevardjournalisten O-Töne über die vermeintliche Top-Spionin einzusammeln. Die Auskünfte waren nicht nach ihrem Geschmack. Kaum eine oder einer, der sich abfällig über mich äußerte. Ich sei immer freundlich, höflich und hilfsbereit gewesen und pflege eine bettlägerige ältere Frau. Ich wäre sehr aktiv in der Volkssolidarität, im Kulturbund und nicht zuletzt in der Hausgemeinschaft.

Das meiste davon las ich erst nach meiner Rückkehr, aber es rührte mich an, wie selbst Personen zu mir standen, die mich gar nicht kannten. Unterschwellig, so meinte ich, schwang Ablehnung mit: Ohne es explizit zu sagen lehnten sie diese blindwütige Verfolgungspolitik, diese permanente westdeutsche

»In Bernau umrundeten die Paparazzi im Rudel unseren Wohnblock, in der Fußgängerzone und im Haus versuchten die Boulevardjournalisten O-Töne über die vermeintliche Top-Spionin einzusammeln.«

Bevormundung ab. Es ging vielen Ostdeutschen zunehmend gegen den Strich, dass man ihnen ihre Vergangenheit madig machte und sie sich für die Segnungen des Westens fortgesetzt dankbar zeigen sollten.

Am 28. August erfolgte der Haftprüfungstermin, den mein Anwalt bei der Generalbundesanwaltschaft beantragt hatte. Oberstaatsanwalt Schulz meinte, der Strafvorwurf sei »sehr gravierend«, hörte sich aber die Argumentation von Dreyling an. Der begründete die Aussetzung der U-Haft damit, dass ich umfangreich ausgesagt und die mir vorgeworfene Agententätigkeit eingestanden habe. Dreyling bestritt jedoch, dass ich jemals Zugang zu Staatsgeheimnissen gehabt hätte, und das, was ich verraten habe, sei bereits nach fünf Jahren nicht mehr strafbar gewesen, die Tat sei also längst verjährt. Und er verwies darauf, dass ich trotz des Tatvorwurfs und in Kenntnis des Haftbefehls nicht geflohen sei, frei von Vorstrafen wäre und einen festen

Berliner Morgenpost *vom 13. Juni 1991. »Mir ist aufgefallen, dass sie häufig verreist war«, wird eine Frau zitiert. Natürlich, Spione sind immer unterwegs*

*Entlassung aus der U-Haft am 28. August 1991*

Wohnsitz habe. Er beantragte deshalb Haftverscho-
nung unter den üblichen Auflagen, notfalls auch gegen Kaution. Der Ermittlungsrichter folgte, was mich
überraschte, dieser Argumentation und setzte den
Haftbefehl mit sofortiger Wirkung unter folgenden
Auflagen außer Vollzug:

1. Stellung einer Kaution von 35.000 DM
2. wöchentliche Meldung bei der Polizei
3. vorherige Meldung einer Wohnortänderung
4. Abgabe der Personalpapiere
5. Verlassen der BRD nur nach Zustimmung der Staatsanwaltschaft

Der Richter schrieb in seiner Begründung einen interessanten Satz: »Angesichts des Hintergrundes ihres Verhaltens (sie hat als Bürgerin der ehemaligen DDR für ihren Staat die Agententätigkeit ausgeübt) und der eingetretenen politischen Wende, vor allem aber auch wegen der Diskussion über die weitere Bestrafung solcher Agenten, darf sie erwarten, dass ihre Tat in einem günstigen Licht gesehen wird.«

*Johanna Olbrich, 1999*

Mit anderen Worten, der Mann ging davon aus, dass sich der Zeitgeist ändern und die Stasi-Hysterie irgendwann legen würde. Das hoffte ich auch – doch wir beide sollten uns täuschen, in welchem Zeitraum das erfolgen würde.

»Aufgrund des persönlichen Eindrucks der Beschuldigten reichen die angeordneten Auflagen aus«, schloss der Richter und wünschte mir eine gute Heimreise.

Meine Rückkehr wurde von meinen Freunden mit sichtlicher Freude aufgenommen, ich wurde daheim begrüßt wie ein Weltreisender. Ein Genosse überreichte mir ein Album, in das er alle mich betreffenden Zeitungsberichte geklebt hatte. Am nächsten Tag stand eine Nachbarin vor der Tür und überreichte mir einen Blumenstrauß. »Schön, dass Sie wieder bei uns sind!« Von ihr hatte ich das nicht erwartet, sie war bislang mir gegenüber immer sehr kühl und reserviert gewesen.

Das alles wärmte mir das Herz.

Ich hatte noch nie mit meiner Vergangenheit gehadert.

Nunmehr tat ich es erst recht nicht.

Blumen für oder von Johanna Olbrich

# Die Vernehmung

Obgleich mir Freunde und Genossen rieten, vom Recht der Aussageverweigerung Gebrauch zu machen, folgte ich dem Vorschlag meines Verteidigers. Ich meinte auch, dass man die Vernehmer nicht unnötig gegen sich aufbringen sollte. Das, was mir vorgehalten wurde, traf einerseits zu – ich hatte unter dem Namen »Sonja Lüneburg« von 1967 bis 1985 in der Bundesrepublik gelebt und gearbeitet. Was sollte ich da verschweigen oder gar bestreiten?

Andererseits war die Vorhaltung, ich hätte »Landesverrat« begangen, unsinnig, mindestens aber strittig. Ich bin als DDR-Bürgerin in die Bundesrepublik gegangen und habe als solche für die DDR-Aufklärung gehandelt. Also habe ich keinen Landesverrat begangen, mein Land war die DDR. Und eine Rückwirkung von bundesdeutschem Recht – seit 3. Oktober 1990 war ich ja Bundesbürger – auf jene Zeit in Bonn war unzulässig.

Nun hätte man spitzfindig – und deutsche Juristen sind das bekanntlich – sagen können, dass ich zwischen 1967 und 1985 Bundesbürger war und darum in jener Zeit der Rechtssprechung der BRD unterlag. Darauf hätte ich wieder sagen können: Moment mal, nicht Johanna Olbrich, sondern Sonja Lüneburg war Bundesbürgerin …

Kurzum, die Sache war nicht so einfach auch für die Kläger, und wenn nicht ausschließlich ideologisch motivierte Rechthaberei sie beherrschte, sie also nicht um jeden Preis meine politische Verurteilung wollten, bestand vielleicht die Chance für eine Regelung. Vielleicht steckte Vernunft ja an?

Ich fürchtete keineswegs das Gefängnis, ich hatte bereits zwei Monate U-Haft hinter mich gebracht. Natürlich war das kein Sanatoriumsaufenthalt gewesen, jede Art von Freiheitsentzug ist schmerzlich und gestohlene Lebenszeit. Ich wäre für meine politische Überzeugung neuerlich eingerückt, deutlicher als auf diese Weise hätte die herrschende Macht ihren totalen Herrschaftsanspruch nicht zeigen können. Das Bedürfnis nach Machtdemonstration wäre größer als der Wunsch nach Gerechtigkeit gewesen.

Das jedoch konnte man nicht vorher wissen, wie es sich in meinem Falle verhielt. Ich wollte es gemeinsam mit meinem Verteidiger ausloten.

Wahrheitsgemäß berichtete ich über meine familiäre und berufliche Entwicklung, über meine Tätigkeit im Ministerium für Volksbildung der DDR und schließlich über meine Anwerbung durch die Hauptverwaltung Aufklärung des MfS, die Auslandsreisen und die Vorbereitungen auf einen dauerhaften Einsatz in der Bundesrepublik. Das waren Vorgänge, die inzwischen nahezu Gemeingut und keine Staatsgeheimnisse mehr waren, weil sie von sehr vielen Menschen durchlaufen und berichtet worden waren.

Über jene Frau, deren Identität »Anna« – wie mein inzwischen ebenfalls bekannter Deckname bei der HV A lautete – zeitweise übernommen hatte, vermochte ich kaum etwas zu sagen. Ich wusste lediglich, dass in den 60er Jahren Sonja Lüneburg aus Westberlin aus persönlichen Gründen in die DDR gekommen war und in einem Altenheim leben sollte.

Oberstaatsanwalt Schulz zitierte Zeitungsbeiträge, wonach jene Frau von der Staatssicherheit mit Medikamenten krankgemacht und in einer geschlossenen Anstalt untergebracht worden sei. Dass er auf die Boulevard-Presse zurückgriff, verriet eher, dass er offenbar auch nichts wusste.

Er befragte mich zum Verbindungswesen, zu Toten Briefkästen und Kurieren, welche Informationen ich

*Auswahl der ihr verliehenen Orden und Medaillen*

auf welchem Wege erlangt hatte, warum ich 1985 Bonn verlassen habe und was danach geschah. Ich antwortete ausführlich – mit einer Einschränkung: Ich nannte keine Personen. Die beiden HV A-Chefs ausgenommen. Warum sollte ich verschweigen, dass ich wiederholt mit Markus Wolf und Werner Großmann zusammengetroffen und von ihnen auch ausgezeichnet worden war? Ich hatte von ihnen ein knappes Dutzend Orden und Medaillen an die Brust geheftet bekommen.

Und meine Motivation? Ich wollte aktiv an der Verbesserung der Beziehungen zwischen beiden deutschen Staaten mitwirken und Spannungen abbauen helfen, indem Missverständnisse und Irrtümer vermieden oder abgetragen wurden. In diesem Sinne arbeitete ich also für beide Seiten. Insofern sei der Vorwurf des Landesverrats völlig hanebüchen, konnte ich mir nicht verkneifen anzufügen.

Und wenn er nach dem Ursprung frage, so schob ich nach, dann müssten wir bis 1944/45 zurückgehen. Dann schilderte ich Schulz meine Schlüsselerlebnisse, die mich zu meiner Lebenseinstellung geführt hatten: nie wieder Krieg, nie wieder Faschismus!

Dies war auch der Kern meiner Aussage, die ich als Zeugin im Verfahren gegen Markus Wolf 1993 machte. Das war ein politisches Verfahren, und deshalb reagierte ich ebenfalls mit politischen Argumenten. Acht Monate vor meinem eigenen Verfahren versuchte ich deutlich zu machen, dass die Gründer der DDR-Aufklärung von einem tief wurzelnden Antifaschismus beherrscht und angetrieben wurden. Sie hatten bis 1945 in der Illegalität, in Zuchthäusern und Konzentrationslagern, in der Emigration und in der Antihitlerkoalition gegen die Nazis gekämpft. Und sie waren nach dem Krieg gezwungen, diesen Kampf fortzusetzen, als in der Bundesrepublik die Exponenten des Dritten Reiches wieder zu Amt und Würden kamen.

Das sei lange vorbei, sagte die abwinkende Geste des Richters.

Die Personen seien vielleicht gestorben, nicht aber ihr Ungeist. Er pflanzte sich, gewiss abgeschwächt und modifiziert, fort. War der Umgang mit der DDR, deren Einrichtungen und  ihrem Personal, dafür nicht sichtbarer Ausdruck?

Bundesanwalt Lampe verlor nach meiner Schilderung des Todesmarsches der KZ-Häftlinge, deren Zeuge ich 1945 geworden war, die Contenance. Nach dem Ende des Kalten Krieges hätte ich besser an Bautzen, Waldheim und die Mauertoten erinnern sollen, herrschte er mich an.

Markus Wolf reflektierte in seinen Erinnerungen diesen Vorgang. Ich empfand es ebenso.

»Merkwürdigerweise hatte ich ständig das Gefühl innerer Überlegenheit. Gerichtssenat und Bundesanwälte hatten keine Ahnung von dem, was wir gewollt, gedacht, erlebt haben. Worum es uns ging, war ihnen fremd. Sie konnten meine Motive einfach nicht begreifen, denn sie waren Gefangene ihrer Vorurteile. Im Grunde genommen ging sie das alles auch gar nichts an. Mir half das Bewusstsein, etwas Richtiges und Wichtiges getan zu haben. Was die darüber dachten, war nicht bedeutsam. Deshalb war ich nicht aufgeregt und verfolgte eigentlich nur mit Neugier, wie so etwas funktioniert.«

Über meinen Auftritt vor Gericht schrieb das *Neue Deutschland* am 28. Juni 1993: »Als Frau Olbrich den

Zeugenstand verlässt, gratuliert ihr ein alter Mann zu ihrem Auftreten. Verlegen, doch dankbar nimmt sie es entgegen. Denn der heute 78-jährige Spanienkämpfer Ernst Buschmann hat ihre Antwort auf die Frage des Richters so verstanden: Auch wenn jetzt hier im Gerichtssaal wieder der Kalte Krieg sichtbar wird, mein Eintreten dafür, dass er in Mitteleuropa nie zum heißen Krieg wurde, hat sich gelohnt.«

# Aus der Anklageschrift des Generalbundesanwalts vom 30. Juli 1992

Die ehemalige Lehrerin (jetzt Rentnerin) Johanna Charlotte Anna Helene Olbrich (alias Sonja Lüneburg), geboren am 26. Oktober 1926 in Lauban/Polen, wohnhaft in O-1280 Bernau, Breite Straße 6, ledig, deutsche Staatsangehörige, bisher nicht bestraft, festgenommen am 11. Juni 1991 aufgrund Haftbefehls des Ermittlungsrichters des Bundesgerichtshofes vom 25. Oktober 1989 – II BGs 329/89 –, Haft aufrechterhalten durch Beschluss des Ermittlungsrichters des Bundesgerichtshofes vom 12. Juni 1991 – 2 BGs 174/91 –, seit dem 28. August 1991 aufgrund Beschlusses gleichen Datums – 2 BGs 283/91 – unter Auflagen vom weiteren Vollzug der Untersuchungshaft verschont, […]

klage ich an,

von 1964 bis Ende August 1985 in Bonn, Brüssel, Berlin und an anderen Orten des In- und Auslands für den Geheimdienst einer fremden Macht eine geheimdienstliche Tätigkeit gegen die Bundesrepublik Deutschland ausgeübt zu haben, die auf die Mitteilung oder Lieferung von Tatsachen, Gegenständen oder Erkenntnissen gerichtet war.

Vergehen, strafbar nach §§ 99 Abs. 1 Nr. 1, 73ff., 101, 45 Abs. 2 und 5, §§ 2, 5 Nr. 4 StGB, § 100e StGB a. F.

Die Angeschuldigte erklärte sich im Jahr 1964 gegenüber dem Ministerium für Staatssicherheit (MfS) der ehemaligen DDR bereit, auf unbestimmte Zeit in der Bundesrepublik Deutschland als Quelle der Hauptverwaltung Aufklärung (HV A) tätig zu werden.

Nach intensiver Schulung im Ver- und Entschlüsseln geheimer Nachrichten, in der Dokumentenfotografie und anderen nachrichtendienstlichen Techniken wurde sie Anfang 1967 als am 7. Dezember 1924 in Berlin-Friedrichshain geborene Sonja Lydia Lüneburg über Frankreich in das Bundesgebiet eingeschleust. Die Legendenspenderin, eine Friseuse, war wenige Monate zuvor aus persönlichen Gründen von West- nach Ostberlin übergesiedelt. Der Missbrauch ihrer biografischen Daten durch das MfS erfolgte ohne ihr Wissen und Zutun.

[…]

Die in ihren jeweiligen Arbeitsbereichen vorhandenen Informations- und Zugangsmöglichkeiten nutzte die Angeschuldigte weitestgehend zu Verratszwecken. Hierzu zählten Protokolle von Sitzungen des Bundesvorstands und Präsidiums der FDP, aber auch der Fachausschüsse, hauptsächlich des für Außen-, Deutschland-, Europa- und Sicherheitspolitik zuständigen Fachausschusses I, außerdem Erkenntnisse über Positionen führender FDP-Mitglieder in wichtigen politischen Angelegenheiten, Anfang der 70er Jahre insbesondere in Fragen der Deutschlandpolitik, und auch Informationen über Stimmungen und Richtungskämpfe innerhalb der FDP-Führung.

Darüberhinaus verschaffte die Angeschuldigte ihren Auftraggebern in der ehemaligen DDR Erkenntnisse und Unterlagen aus dem Bereich der parlamentarischen Tätigkeit von Dr. Bangemann in Bonn und Brüssel. Darunter befanden sich die Protokolle der FDP-Bundestagsfraktion und Niederschriften über Sitzungen des Arbeitskreises I, dessen Vorsitz Dr. Bangemann von 1976 bis 1979 innehatte, aber auch Schriftstücke , die die Arbeit der Liberalen und Demokratischen Fraktion des Europa-Parlaments betrafen.

Während ihrer Tätigkeit beim Bundesminister für Wirtschaft war die Angeschuldigte mit Erfolg bemüht, in ihre Verratstätigkeit über den ihr zugewiesenen Aufklärungsbereich FDP hinaus auch Unterlagen und Erkenntnisse aus dem Ministerium selbst, aber auch aus anderen Regierungsstellen einzubeziehen. Hierzu gehörte neben Organigrammen und internen Telefonlisten des Wirtschaftsministeriums ein als Verschlusssache eingestuftes Verzeichnis des Bundeskanzleramts über die Erreichbarkeit der Mitglieder der Bundesregierung einschließlich der Staatssekretäre

Im Übrigen berichtete die Angeschuldigte während der gesamten Dauer ihres geheimdienstlichen Einsatzes im Bundesgebiet über Stärken und Schwächen einer Vielzahl von Personen, mit denen sie ständigen oder auch nur gelegentlichen Umgang hatte.

Das Verratsmaterial einschließlich der von ihr hand- oder maschinenschriftlich verfassten Berichte wurden bis etwa 1972/73 von einem Residenten, danach von einem Kurier und seit 1975 von der Angeschuldigten selbst fotografiert. Die Verbringung in die DDR erfolgte mittels Zug-TBK. Führungstreffs, an denen bisweilen auch der damalige Leiter der HV A, Generaloberst Markus Wolf, und sein

Amtsnachfolger Werner Großmann teilnahmen, fanden jährlich mindestens einmal statt, zumeist in der ehemaligen DDR und je einmal in Wien, Salzburg und Belgrad.

[…]

Um das Jahr 1972 wurde der Angeschuldigten seitens der HV A aufgegeben, sich um eine Verwendung als Sekretärin innerhalb der FDP-Bundestagsfraktion zu bemühen. Da ihr eine solche Platzierung nachrichtendienstlich nicht allzu ergiebig erschien und sie überdies die Chancen einer Anstellung in diesem Bereich gering einschätzte, bemühte sie sich erst gar nicht, sich in der von der Führungsstelle angestrebten Weise beruflich zu verändern.

[…]

Die Angeschuldigte ist weitgehend geständig, hat es jedoch abgelehnt, die Identität der im Führungs- und Verbindungswesen eingesetzten Personen preiszugeben.

[…]

Ich beantrage,

1. das Hauptverfahren zu eröffnen,

2. Termin zur Hauptverhandlung vor dem 4. Strafsenat des Oberlandesgerichts Düsseldorf zu bestimmen und

3. den gegen die Angeschuldigte bestehenden Haftbefehl des Ermittlungsrichters des Bundesgerichtshofes vom 25. Oktober 1989 und dessen Haftverschonungsbeschluss vom 28. August 1991 aufrechtzuerhalten.

von Stahl

# Mein »Strafprozess«

Im Juli 1992 waren die Ermittlungen abgeschlossen, Oberstaatsanwalt Schulz teilte mit, dass nunmehr Anklage vor dem 4. Senat des Oberlandesgerichts Düsseldorf erhoben werde.

Rechtsanwalt Dreyling beantragte Akteneinsicht und am 17. September die Aussetzung des Verfahrens. Zumindest, bis das Bundesverfassungsgericht sich grundsätzlich zur Rechtmäßigkeit der Strafverfolgung von Mitarbeitern des MfS geäußert habe. Er verwies darauf, dass die Strafverfolgung dieser Personen eine Ungleichbehandlung gegenüber Agenten westlicher Dienste darstelle. So hatte auch schon einmal das Kammergericht Berlin argumentiert.

Das Oberlandesgericht Düsseldorf lehnte nach sechs Wochen den Antrag ab und bestand auf einem Verfahren gegen mich. »Durch die durch den Beitritt der DDR erst möglich gewordene Strafverfolgung wird die Angeschuldigte in ihren Grundrechten nicht verletzt, noch verstößt diese Strafverfolgung gegen verfassungsrechtliche Prinzipien«, hieß es in der Begründung. »Eine willkürliche Ungleichbehandlung liegt nicht darin, dass Angehörige der Nachrichtendienste der ehemaligen DDR nunmehr [...] dem Zugriff der Strafverfolgungsbehörden ausgesetzt sind, während eine Strafverfolgung der Mitarbeiter der Nachrichtendienste der Bundesrepublik nach den [...] Strafbestimmungen der DDR offensichtlich ausscheidet. Dieses Ergebnis ist eine Folge der rechtlichen Ausgestaltung der Wiedervereinigung Deutschlands in Form eines Beitritts.«

Auch der Grundsatz des Vertrauensschutzes stünde dem nicht entgegen. Die Erwägungen des Berliner Kammergerichts, »die Mitarbeiter von DDR-Geheimdiensten hätten wegen der Eigenstaatlichkeit der DDR auf deren Schutz vor einer Strafverfolgung durch die Bundesrepublik vertrauen dürfen und dieses Vertrauen verdiene auch weiterhin Schutz, überzeugt nicht. Diese Meinung verkennt, dass durch die Behörden der ehemaligen DDR nur tatsächlicher Schutz gewährt wurde. Eine Änderung solcher tatsächlichen Verhältnisse muss ein Straftäter in der Regel aber in Kauf nehmen.«

Mit verständlicheren Worten: Die Betroffenen haben eben Pech gehabt.

Der »Vertrauensschutz« war und ist ein wesentliches Element des bürgerlichen Staates. Um seine Staatsdiener, die Beamten und die Angestellten, bei der Fahne zu halten, versichert man ihnen: Egal, welcher Staat nach dem jetzigen kommt, euch geschieht nichts. Nazirichter Hans Filbinger, der noch 1945 an Todesurteilen mitgewirkt hatte, brachte es als Ministerpräsident von Baden-Württemberg und CDU-Landeschef auf den Punkt: »Was gestern Recht war, kann heute nicht Unrecht sein!«

Die ideologisch motivierte Haltung des bürgerlichen Rechtsstaats gegenüber den Mitarbeitern des MfS wurde an mehreren Stellen der Anklage gegen Markus Wolf sichtbar. »Ferner stand der DDR kein Recht zur Selbstverteidigung zu, da von der Bundesrepublik Deutschland – objektiv gesehen – keine Gefährdung für sie ausging, insbesondere auch durch die Aufklärungstätigkeit des BND, die letztlich dem Schutz der Bundesrepublik diente.«

Der letzte Teil der Feststellung traf gewiss zu: Vom BND ging keine Gefährdung der DDR aus – Dank der erfolgreichen Arbeit der Spionageabwehr des MfS. Es sind inzwischen Dutzende Bücher erschienen, die die Pleiten und Pannen des Bundesnachrichtendienstes, um nicht zu sagen: dessen Unfähigkeit bis in die Gegenwart dokumentieren.

Aber es ist nachweislich eine Lüge, dass von der BRD keine Gefährdung der DDR ausgegangen sei. Die »Gefährdung« war Regierungspolitik seit 1949. Der *Rheinische Merkur* zitierte am 20. Juli 1952 Bundeskanzler Adenauer mit der Feststellung: »Was östlich von Werra und Elbe liegt, sind Deutschlands unerlöste Provinzen. Daher heißt die Aufgabe nicht Wiedervereinigung, sondern Befreiung. Das Wort Wiedervereinigung soll endlich verschwinden. Es hat schon zu viel Unheil gebracht. Befreiung sei die Parole.«

Und 1959 wurde eine »Geheime Bundessache« zu einer »Operation DECO II« publik, in der es hieß: »Ziel: Befreiung der SBZ und Wiedervereinigung Deutschlands durch militärische Befreiung des mitteldeutschen Raumes bis zur Oder-Neiße-Linie.

Grundlage der Operation DECO II ist der am 29. September 1954 in London zwischen den Regierungen der Vereinigten Staaten von Amerika und der Bundesrepublik Deutschland geschlossenen Garantie-Vertrag, wonach sich die Vereinigten Staaten von Amerika verpflichten, bei einer deutschen militärischen Operation mit dem ausschließlichen Ziel der Herbeiführung der Wiedervereinigung Deutschlands, mit Beginn der militärischen Handlungen die Regierungen der Sowjetunion, Polens und der CSR dahingehend zu verständigen, dass sie (die Vereinigten Staaten von Amerika)

1. den Regierungen der Sowjetunion, Polens und der CSR die Garantie überreichen, dass diese militärische Operation der Bundesrepublik Deutschland mit der vollzogenen Besetzung des mitteldeutschen Raumes bis zur Oder-Neiße-Linie beendigt ist und dass die Unantastbarkeit ihrer im Territorium der SBZ

*Johanna Olbricht und Markus Wolf auf dem XI. Parteitag der SED, 1986*

lebenden Bürger oder Soldaten und ihren im gleichen Raum liegenden Eigentums gewahrt bleibt, und dass sie (die Vereinigten Staaten von Amerika)

2.) im Falle einer militärischen Intervention dieser Staatengruppe der Bundesrepublik Deutschland sofort jede militärische Hilfe und Unterstützung zur Erreichung der Wiedervereinigung Deutschlands gewähren.«

Dieses von Adolf Heusinger – unter Hitler Generalstabsoffizier und 1955 einer der ersten Generale der Bundeswehr – unterzeichnete Geheimdokument ist nach dessen Bekanntwerden von der Bundesregierung bis heute weder dementiert noch als Fälschung zurückgewiesen worden.

Aussagen vergleichbarer Art gibt es reichlich, und es erfolgten Aktionen und Reaktionen, die Markus Wolf in einem Satz zusammenfasste: »Wir haben ja nicht gegen Feindbilder operiert. Wir hatten wirkliche Feinde.«

Am 21. Februar 1994 begann die Hauptverhandlung gegen mich, es waren fünf Prozesstage angesetzt. Das Verfahren führte der gleiche Senat, der bereits über Markus Wolf zu Gericht gesessen und mich als Zeugin vorgeladen hatte. Ich kannte also bereits diesen fensterlosen Saal in der Cecilienallee 3 in Düsseldorf und auch den Vorsitzenden Richter Dr. Wagner, weshalb ich keine guten Erwartungen hegte.

Die Staatsanwaltschaft hatte 64 Zeugen aufgeboten: zumeist Beamte der Kriminalpolizei und ehemalige Kollegen, auch mein Ex-Chef Martin Bangemann und sein Referent Lothar Mahling wurden vorgeladen. Und sieben ehemalige Mitarbeiter der Hauptverwaltung Aufklärung, darunter jener Verräter Heinz Busch, der bezeichnenderweise über den BND vorgeladen worden war. Der ehemalige MfS-Oberst war dem Vernehmen nach am Tag vor dem »Sturm auf die Stasi-Zentrale« am 15. Januar 1990 zum Verfassungsschutz übergelaufen und von Westberlin aus sofort zum BND nach München weitergeleitet worden. Über die damals in Pullach noch aktive Gabriele Gast erfuhren wir von seinem Verrat. Wie sich zeigte, liebte der Bundesnachrichtendienst zwar den Verrat, nicht aber den Verräter. Busch lebte inzwischen wieder in Berlin, nachdem sich der BND nicht an seine Zusagen gehalten hatte. Busch bezog wie alle anderen Ex-Mitarbeiter des MfS die »reduzierte«, also eine Strafrente.

Die große Zahl der vorgeladenen Zeugen sollte den Senat und die Journalisten beeindrucken, denn dass diese alle in den Zeugenstand gerufen werden würden, war nicht anzunehmen. Am zweiten Tag – am ersten war nur mit der Verlesung der Klageschrift die Hauptverhandlung eröffnet worden – marschierten ganze vier Zeugen auf, die man für die wichtigsten hielt.

Der erste Zeuge war Dr. Martin Bangemann, seit dem Vorjahr EU-Kommissar für Industriepolitik, Informationstechnik und Telekommunikation in Brüssel.

Ehrlich gesagt, ich hatte vor unserer Begegnung im Gerichtssaal einige Beklemmungen. Ich meinte, dass er aufgrund unseres menschlich sehr guten Verhältnisses enttäuscht war über mein Verschwinden aus seinem Leben. Noch mehr darüber, dass ich für die Aufklärung der DDR tätig war. Für Westdeutsche, das wusste ich inzwischen, war das schwer auseinanderzuhalten. Das alles verknotete sich in ihren Hirnen zu

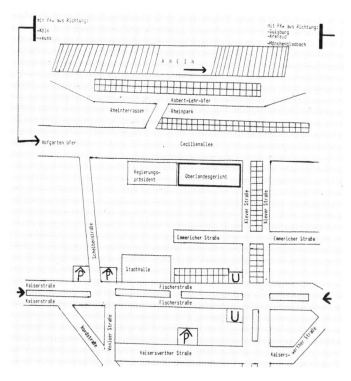

*Das Oberlandesgericht in Düsseldorf. Der Vorladung war die obige Skizze mit Hinweis beigefügt: »Bedenken Sie, dass der Parkraum beengt ist, zumal ein gerichtseigener Parkplatz nicht zur Verfügung steht.«*

einem moralischen Brei, in welchem nicht zuletzt die Medien heftig rührten. Wie man auf der einen Seite historische Vorgänge selektierte und diese ihrer politischen, wirtschaftlichen, militärischen und globalen Zusammenhänge entledigte, wurden auf der anderen Seite Dinge unzulässig verkürzt und zusammengebracht. Versuchte man zu erklären, warum am 13. August 1961 und auf wessen Entscheidung die Mauer gebaut wurde, kam sofort der Einwand: Und was ist mit Peter Fechter? Mit Chris Gueffroy?

Bangemann kam in den Saal und steuerte wie damals auf der Pier in Athen direkt auf mich zu, drückte mir freundlich die Hand und erkundigte sich nach meinem Befinden: Wir hatten uns schließlich neun Jahre nicht gesehen. Kein Harm wohnte in seiner Seele, kein Vorwurf kam ihm über die Lippen. Es freute ihn merklich, mich zu sehen, wenngleich er sich eine solche Begegnung gern unter anderen Umständen gewünscht hätte, meinte er.

»Diesen Wunsch, Martin, teile ich«, antwortete ich.

Im Zeugenstand sagte er nur Gutes über mich. Ich sei eine ungewöhnlich tüchtige Sekretärin gewesen, die immer sehr offen und kameradschaftlich war. »Sie hat faktisch alles für mich gemacht.« Ich hätte zu keinem Zeitpunkt Zugang zu Staatsgeheimnissen gehabt. Und entlastend fügte er an: Dokumente wären in der FDP ohnehin kaum geheimzuhalten, Journalisten bekämen stets davon Wind. In Bonn gebe es nichts Geheimes, Transparenz sei noch eine Untertreibung.

Diesen Eindruck bestätigte der Senatsvorsitzende und führte als Beweis meine nachlässigen Sicherheitsüberprüfungen an, was Bangemann damit aber nicht gemeint hatte.

Gleich nach ihm wurde ein weiterer Zeuge aufgerufen, der für die Staatsanwaltschaft und das Gericht nicht minder wichtig schien: Ingolf Freyer, Oberst a. D. des MfS, mehrere Jahre Referatsleiter und Stellvertreter des Leiters der Abteilung II der HV A. Er hatte mich für die Übersiedlung in die BRD geworben, für meine nachrichtendienstliche Ausbildung gesorgt, die Suche nach einer Doppelgängerin geleitet und schließlich meine Legalisierung in Offenbach und Hamburg gesteuert. Freyer hatte meine Arbeitsaufnahme bei MdB Borm und danach in der Zentrale der FDP veranlasst.

Er war, wenn man so will, ursächlich verantwortlich dafür, was man mir zur Last legte.

Er war 34 Jahre dabei, ich hatte ihn als einen exzellenten Fachmann kennengelernt, aber charakterlich war er nicht annähernd so überragend. Ihm fehlte Einfühlungsvermögen und Zuwendung, menschliche Nähe, die Einzelkämpfer wie wir unbedingt brauchten. Zwischen uns war immer eine gewisse Distanz, die nicht weiter ins Gewicht fiel, weil die konkrete Arbeit zumeist von Toni und Ewald geleistet wurde. Mich selbst enttäuschte er einmal maßlos, als er Zweifel an meiner Verlässlichkeit anmeldete. Auch seine Vorgesetzten schienen nicht mit seinem Auftreten zufrieden, weshalb er Anfang der 80er Jahre von seiner Funktion entbunden wurde.

Jedenfalls verschwand er damals aus meinem Gesichtskreis. Sein Nachfolger wurde »Wolfgang«, der mir von »Ewald« bei einem Treffen in Belgrad vorgestellt wurde. Zu ihm hatte ich gleich einen sehr guten Draht. »Wolfgang« hatte sich bis dahin ausschließlich mit der SPD befasst. Unsere Verbindung blieb nach

meiner Rückkehr bestehen, leider verstarb »Wolfgang«
schon 1991.

Freyer erwies sich vor Gericht in meinen Augen als
der erwartete Charakterlump. Mehr ist über ihn nicht
zu sagen.

Oberstaatsanwalt Schulz beschrieb mich in seinem
Schlussplädoyer als »Agentin ohne Wenn und Aber«.
Besonders schwer wiege, dass ich das Vertrauen von
Martin Bangemann aufs Gröblichste missbraucht
habe.

Als wenn Moral eine *juristische* Kategorie wäre!

Am Ende forderte Schulz eine Haftstrafe von drei
Jahren und neun Monaten.

*Gartenfest bei Freunden, 1999*

Mein Verteidiger verlangte erneut, den Fall dem Bundesverfassungsgericht zur Grundsatzentscheidung vorzulegen. Und sofern ihm das Gericht darin nicht folgen möge, dann solle es eine Haftstrafe bis höchstens zwei Jahre verhängen, damit diese zur Bewährung ausgesetzt werden könne.

Am 25. Februar 1994 wurde das Urteil verkündet: zwei Jahre und sechs Monate.

Damit war das Gericht zwar unter dem Antrag der Staatsanwaltschaft geblieben, hatte sich aber auch nicht der Auffassung der Verteidigung angeschlossen.

Der Richter begründete es mit Dauer und Intensität meiner Agentenarbeit, bei der alle Möglichkeiten zur Informationsgewinnung genutzt worden seien. Nach Erkenntnissen des Gerichts hätte ich etwa 16.000 Blatt geliefert. Ich weiß nicht, ob das zutrifft, wie ich auch den Wahrheitsgehalt der Aussage von Helmut Müller-Enbergs, eines vergleichsweise seriösen BStU-Mitarbeiters, nicht bedingungslos folgen mag. Der hatte nämlich Vergleiche über die Effizienz der DDR-Agenten angestellt und geschrieben, dass zwischen 1969 und 1974 vom »Kanzleramtsspion«, der für den bedeutendsten Kundschafter der DDR gehalten werde, gerade einmal 24 Informationen geliefert worden seien, die von der HV A intern nicht unbedingt als bedeutend gewertet wurden. Günter Guillaume sei darum diesbezüglich, so Müller-Enbergs, nur ein »durchschnittlicher Spion« gewesen. Ich war mithin nach seiner Auffassung ein überdurchschnittlicher.

Der Richter gestand mir jedoch zu, dass die Beschuldigte »aus idealistischen Erwägungen gehandelt« und »die besten Jahren ihres Lebens in den Dienst der

HV A gestellt« habe. Dann jedoch kam er zu dem völlig überraschenden Schluss, dass »im Übrigen ein messbarer Schaden der Bundesrepublik Deutschland durch die Verratstätigkeit nicht entstanden sei«.

Warum also dann eine Haftstrafe?

Mein Verteidiger beantragte noch im Gerichtssaal Revision.

# »Ex-Sekretärin von Martin Bangemann (FDP) vor Gericht: Johanna Olbrich alias Sonja Lüneburg gesteht«

**Düsseldorf, 22. Februar** (1994). Die langjährige Sekretärin des früheren Wirtschaftsministers und FDP-Bundesvorsitzenden Martin Bangemann, Johanna Olbrich, hat vor dem Düsseldorfer Oberlandesgericht gestanden, 16 Jahre lang für die DDR spioniert zu haben.

Die heute 67-jährige Rentnerin, die als Agentin den Falschnamen Sonja Lüneburg trug, beteuerte vor dem 4. Strafsenat, sie habe damit den Frieden in Europa sichern wollen. Die Bundesanwaltschaft wirft der Rentnerin geheimdienstliche Agententätigkeit vor.

Die ausgebildete Lehrerin, SED-Mitglied seit 1946, war nach eigener Aussage 1966 vom Ministerium für Staatssicherheit in die Bundesrepublik eingeschleust worden. Seit 1969 arbeitete sie als Sekretärin zunächst für den Berliner FDP-Landesvorsitzenden und Bundestagsabgeordneten William Borm, dann für Generalsekretär Karl-Hermann Flach, den Bundesgeschäftsführer der Liberalen Harald Hoffmann und schließlich mehr als zehn Jahre lang für Bangemann. Mit ihm zog sie auch ins Bundeswirtschaftsministerium ein.

Sie belieferte die DDR ihrem Geständnis zufolge vorwiegend mit Stimmungs- und Meinungsbildern aus der FDP-Spitze, aber auch mit Protokollen von Sitzungen des FDP-Bundesvorstandes und des sicherheitspolitischen Arbeitskreises der Liberalen. Im Bundeswirtschaftsministerium habe sie dagegen nur »relativ wenig« ausspionieren können, berichtete die Agentin.

Für den Prozess sind vier Verhandlungstage vorgesehen. Das Urteil wird am Freitag erwartet.

*Aus:* Berliner Zeitung *vom 22. Februar 1994*

# »Es ist möglich, in zwei Identitäten zu leben«

**Düsseldorf, 22. Februar** (1994). »Es ist tatsächlich möglich, in zwei Identitäten zu leben«, sagt die Angeklagte am ersten Prozesstag. Mehr als anderthalb Jahrzehnte lang ist sie eine gespaltene Persönlichkeit besonderer Art gewesen – eine kunstvolle Schöpfung der DDR-Spionage. Sie ist Sonja Lüneburg gewesen, die eifrige und geschätzte Sekretärin des FDP-Politikers Bangemann. Und sie ist Johanna Olbrich gewesen, die eifrige und geschätzte Agentin des Stasi-Generalobersten Wolf. Zwei Identitäten, die längst der Vergangenheit angehörten, hätte sie das Gesetz in dieser Woche nicht noch einmal im Gerichtssaal A 01 des Oberlandesgerichtes Düsseldorf zusammengeführt. Geheimdienstliche Angententätigkeit lautet der Vorwurf gegen die Angeklagte, deren Personalien nunmehr schlicht und einfach ausfallen: Johanna Olbrich, Rentnerin, 67 Jahre alt.

Aus der Schar der Spione, die sich seit dem Untergang der DDR vor den Gerichten verantworten müssen, sticht sie heraus. Anders als viele andere Täter ist sie nicht aus Not, Liebe oder Geldgier zur Spionin geworden.

[...]

Als junge Frau habe sie gegen Ende des Krieges einen Marsch von KZ-Häftlingen beobachtet, sagt sie. Das Bild der entkräfteten, ausgemergelten Gestalten, barfuß in Holzpantinen, trotz bitterer Kälte, habe ihr zu Bewusstsein gebracht, welches Verbrechen dieser Krieg gewesen sei. In ihr sei der Wunsch entstanden, »alles zu tun«, um Kriege zu vermeiden; der Einsatz als Spionin schien ihr dafür ein probates Mittel zu sein.

[…]

Eine »ungewöhnlich tüchtige Sekretärin« sei Frau Lüneburg gewesen, sagt Bangemann, »sehr offen, sehr kameradschaftlich, sehr hilfsbereit«. Die Sekretärin hat sich auch um private Dinge Bangemanns gekümmert, hat seine Wohnung versorgt, hat ihn einmal mit seiner Familie auf einem Segeltörn in Griechenland begleitet. »Ich hatte natürlich ein schlechtes Gewissen«, bekennt die Angeklagte; vielleicht sei das ein Grund gewesen, dass sie sich weit über ihre Pflichten hinaus für Bangemann eingesetzt habe, um etwas »auszugleichen« und »gutzumachen«: eine erstaunliche Fürsorge der Verräterin für den Verratenen.

Nicht nur die Bonner, auch die Ost-Berliner Arbeitgeber sind mit ihr höchst zufrieden. Wolf selbst nimmt sich bei einem der Führungstreffs in Ost-Berlin Zeit, um mit seiner Agentin zu plaudern. Man spricht über den Vater Wolfs, den Schriftsteller und Arzt Friedrich Wolf, über die Schwäbische Alb und über Kochrezepte; das sei eine Unterhaltung wie unter Freunden gewesen, sagt die Angeklagte. […]

Vor dem Düsseldorfer Strafsenat lässt sie keinen Zweifel, wie sie auch nach dem Untergang des Systems, dem sie gedient hat, ihr Leben in zwei Identitäten sieht: Die DDR sei ihr Land gewesen – und ich habe gerne für dieses Land gearbeitet«.

*Aus:* Frankfurt Allgemeine Zeitung, *23. Februar 1994*

# »Eine Marxistin
in der FDP-Chefetage«

**Düsseldorf, 22. Februar** (1994). Nein, von Reue ist
da wenig zu spüren – selbstbewusst gibt sich diese
Angeklagte, steht zu dem, was sie tat, denn sie tat es
»aus politischer Überzeugung«. 16 Jahre lang hat
Johanna Olbricht die bundesdeutschen Freidemo-
kraten gründlich ausspioniert, hat sich im Auftrag
Ost-Berlins hochgearbeitet durch die Vorzimmer
eines Abgeordneten und dreier Generalsekretäre bis
ins Sekretariat des damaligen Parteivorsitzenden und
Bundeswirtschaftsministers Martin Bangemann,
dem sie schließlich auch nach Brüssel zur Europäischen Gemeinschaft folgte. Den DDR-Verdienst-
orden in Gold und insgesamt 60.000 Mark Agentenlohn hat sie dafür bekommen: eine angesichts der
vielen Dienstjahre eher magere Bezahlung.

[...]

Eine Verfahrenseinstellung kam nicht infrage, weil
sich die Angeklagte – auch gestern wieder – weigert,
unentdeckte Spione des DDR-Ministeriums für
Staatssicherheit (MfS) zu nennen. Da hält sie es wohl
wie ihr Ex-Chef Markus Wolf [...] mit der Agenten-
ehre.

[...]

Als »überzeugte Marxistin«, die »alles tun wollte,
um einen neuen Krieg zu vermeiden«, die in der DDR
»eine notwendige alternative Gesellschaftsordnung«
sah (und noch sieht), hatte diese Agentin bei ihrer

Arbeit keine Skrupel. Die empfand sie nur privat gegenüber der Familie Bangemann. [...] Als sie 1985, nachdem sie bei einem Treff in Rom ihren Ausweis verloren hatte, aus Sicherheitsgründen und nach persönlicher Entscheidung Wolfs in die Heimat zurückkehren konnte, war das für sie »ein gutes Gefühl«.

*Aus:* Rheinischer Post, *22. Februar 1994*

# Das Revisionsverfahren

Am 18. April 1994 reichte Rechtsanwalt Dr. Hubert Dreyling seine Begründung für den Revisionsantrag beim Bundesgerichtshof ein. Als zweiter Rechtsanwalt schloss sich Johann Schwenn aus Hamburg dem Antrag an und steuerte weitere Argumente bei.

Der 3. Senat des Bundesgerichtshofs verwarf am 3. August 1994 eine Revision, womit das Düsseldorfer Urteil Rechtskraft erlangte. Nicht unerwartet erhielt ich zwei Wochen später Post vom Generalbundesanwalt. Ich solle mich am 5. September in der Justizvollzugsanstalt Luckau zum Haftantritt melden.

Luckau war mir aus den Geschichtsbüchern bekannt. Dort hatte Karl Liebknecht von 1916 bis 1918 eingesessen, und während der Nazizeit litten in Luckau an die tausend Politische, darunter Wolfgang Abendroth, Robert Uhrig und Günther Weisenborn.

Ich wusste mir keinen Rat und fuhr zu meinen Freunden Mischa und Andrea Wolf. Die Aufforderung, nunmehr in 14 Tagen einzurücken, hatte mich stärker getroffen als angenommen. Andrea spürte meine Verzweiflung und forderte Mischa auf, umgehend in Hamburg anzurufen.

Johann Schwenn reagierte sofort. Er legte Verfassungsbeschwerde ein und beantragte beim Generalbundesanwalt einen Aufschub des Haftantritts bis Anfang Januar 1995. Bis dahin, so hoffte er, habe das Bundesverfassungsgericht die anhängige Grundsatzentscheidung zu den Ostagenten getroffen.

**DER GENERALBUNDESANWALT**
BEIM BUNDESGERICHTSHOF

— 3 StE 4/92-2 (3) —
(Bitte bei allen Schreiben angeben!)

7500 Karlsruhe 1, den 16. August 1994
Herrenstraße 45a
Postfach 2720
Fernsprecher (0721) 159-1
**Neue Rufnummer ab 4.10.1982:**
**159 - 0**

Der Strafantritt hat zu erfolgen bei:

Frau
Johanna Olbrich
Breite Straße 6

16321 Bernau

Justizvollzugsanstalt
Luckau
Karl-Liebknecht-Str. 1

15926 Luckau

geboren am: 26.10.1926
in: Lauban/Polen
Staatsangehörigkeit: deutsch

## Ladung zum Strafantritt

Nach der vollstreckbaren
Strafentscheidung:

rechtskräftiges Urteil des 4. Strafsenats des
Oberlandesgerichts Düsseldorf vom 25.2.1994
— IV - 34/92 (16/92 VS-Vertr.) —
3 StE 4/92-2 (3)

haben Sie zu verbüßen:

Freiheitsstrafe von 2 Jahren 6 Monaten

Sie werden aufgefordert, diese Strafe
in der oben bezeichneten Vollzugsan-
stalt anzutreten, spätestens bis. . . .

5. September 1994

Bei
Ersatzfreiheits-
strafen

Die sofortige Zahlung von _____ DM an die Gerichts_____
_____ , Postscheckkonto _____
unter Angabe der Behörde: _____
und der Geschäftsnummer: _____ befreit von der Strafvollstreckung.
Die bereits geleisteten Zahlungen von _____ DM sind berücksichtigt.
Die Kosten des Verfahrens betragen _____ DM zusätzlich.

Sollten Sie sich dort nicht rechtzeitig einfinden, so muß gegen Sie ein Vorführungs- oder Haftbefehl erlassen
werden. Durch Einreichen eines Gnadengesuches wird die Strafvollstreckung nicht gehemmt.
Beachten Sie bitte die Hinweise auf der Rückseite!

(Schalk)
Rechtspfleger

VO 3  Ladung zum Strafantritt (§ 457 StPO, § 27 StrVollstrO) – 1.77 VM –

**Bitte wenden!**

*Keine zwei Wochen nach Abweisung des Revisionsan-*
*trages durch den Bundesgerichtshof ging die »Ladung*
*zum Strafantritt« ein. Am 5. September 1994 sollte sie*
*sich in der JVA Luckau melden, um dort ihre Strafe*
*von 30 Monaten abzusitzen. Die Verteidigung legte*
*Verfassungsbeschwerde ein und beantragte beim Gene-*
*ralbundesanwalt einen Aufschub des Haftantritts*

Der Generalbundesanwalt lehnte einen Aufschub ab. Und das mit unverhohlenem Zynismus.

Schwenn hatte argumentiert, dass ich meine in Polen lebende Familie finanziell unterstützte. Dieses Nebeneinkommen würde jedoch wegfallen, wenn ich inhaftiert sei. Darauf erklärte der Generalbundesanwalt, dann solle ich eben einen Teil meiner Rente den Verwandten zukommen lassen.

Meine Rente betrug, was ihm bekannt war, rund 800 D-Mark.

Daraufhin beantragte Schwenn beim Bundesverfassungsgericht eine Einstweilige Anordnung gegen die sofortige Vollstreckung der Strafe. Gleichzeitig reichte er gegen das Urteil und den Beschluss des Bundesgerichtshofes Verfassungsbeschwerde ein. Ein Nichtjurist blickte da kaum noch durch, aber Schwenn war jener Fuchs, als den ihn Markus Wolf beschrieben hatte: Er hatte Ahnung, Chuzpe und einen Arsch in der Hose – die natürlich aus sehr feinem Zwirn war.

Der Generalbundesanwalt gestand 14 Tage zu.

Das Bundesverfassungsgericht gewährte einen Aufschub von einem Monat.

Doch am 5. Oktober 1994 entschied das BVG die Aussetzung des Vollzuges, bis über die Verfassungsbeschwerde entschieden worden sei. Damit signalisierte das höchste deutsche Gericht, dass es erhebliche rechtliche Bedenken gegen die Strafverfolgung von Mitarbeitern der Nachrichtendienste der DDR hatte.

Verständlich, dass ich sehr erleichtert war und neue Hoffnung schöpfte, mit inzwischen 68 Jahren nicht noch einmal ins Gefängnis zu müssen.

Am 16. Juni 1995 urteilte die 2. Kammer des 2. Senats des Bundesverfassungsgerichts über unsere Verfassungsbeschwerde, mit der das Urteil des Oberlandesgerichts Düsseldorf und der Beschluss des Bundesgerichtshofes gegen meine Revision abgewiesen werden sollten.

Das Bundesverfassungsgericht gab uns Recht!

»Das Urteil des OLG Düsseldorf verletzt die Beschwerdeführerin im Rechtsfolgenausspruch in ihrem Grundrecht aus Artikel 2 Absatz 2 Satz 2 des Grundgesetzes in Verbindung mit dem im Rechtsstaatsprinzip wurzelnden Grundsatz der Verhältnismäßigkeit.

Der Beschluss des BGH verletzt die Beschwerdeführerin ebenfalls in diesem Grundrecht. [...]

Die Entscheidungen werden insoweit aufgehoben.

Die Sache wird [...] an das OLG Düsseldorf zurückverwiesen.«

»Die Sache« musste nun vor dem Oberlandesgericht in Düsseldorf neu verhandelt werden, weil der Schuldspruch selbst nicht aufgehoben worden war. Allerdings wurde auf eine geringere Strafe orientiert,

*Sommerfest im Garten von Frank und Ilse Röhner.*
*Zweite von links Johanna Olbrich, rechts Markus Wolf*

sogar eine Einstellung des Verfahrens sollte geprüft werden!

Rechtsanwalt Schwenn beantragte sofort die Aufhebung des Haftbefehls und die Freigabe der inzwischen reduzierten Kaution in Höhe von 25.000 DM. Diesen Anträgen wurde vom 7. Senat des Oberlandesgerichts Düsseldorf stattgegeben.

Der Beginn der neuen Hauptverhandlung wurde auf den 16. Januar 1996 festgelegt. Natürlich in dem hinlänglich bekannten fensterlosen Saal A 01.

Meine Papiere und das restliche Geld erhielt ich Ende November 1995 zurück.

Zum dritten Mal betrat ich an jenem Januardienstag diesen Gerichtssaal. 9.30 Uhr begann die Verhandlung. Keine vier Stunden später war alles vorbei. Oberstaatsanwalt Schulz forderte zwei Jahre Haft, die zur Bewährung ausgesetzt werden sollten. Die Vorsitzende Richterin blieb unter der Forderung des Klägers und gab drei Monate weniger, das sei »schuld- und tatangemessen«. Obwohl kein messbarer Schaden entstanden sei, reiche eine Geldstrafe nicht aus und eine Einstellung komme nicht infrage, sagte sie.

Das war sicherlich eine Konzession an den 4. Strafsenat des Oberlandesgerichts, wie überhaupt das ganze Urteil mehr der eigenen Gesichtswahrung diente. Eine Einstellung des Verfahrens oder ein Freispruch wäre eine herbe Kritik an der bisherigen eigenen Rechtssprechungspraxis gewesen.

In dieser Logik lag denn auch die widerspruchslose Hinnahme des Urteils durch den Staatsanwalt.

Dennoch waren sich die Prozessbeobachter einig, dass maßgeblich am Ausgang dieses Verfahrens das Grundsatzurteil des Bundesverfassungsgerichts vom

*Glückliche Gesichter nach der Bewährungsstrafe des OLG Düsseldorf, nachdem dieses vom Bundesverfassungsgericht fürs erste Urteil getadelt worden war*

Juni 1995 war. Die *Süddeutsche Zeitung* schrieb darum am 17. Januar 1996: »Ohne das höchste Gericht hätte die bald 70-jährige Top-Spionin im September 1994 das Gefängnis von Luckau bezogen – dank eines fundamentalistisch anmutenden Zusammenwirkens von Bundesanwaltschaft, Bundesgerichtshof (3. Strafsenat) und Oberlandesgericht Düsseldorf (4. Strafsenat). Mit einem Satz lehnte der BGH seinerzeit die Revision der Frau Olbrich gegen ihre Verurteilung zu einer Freiheitsstrafe von zweieinhalb Jahren als ›offensichtlich

Oberlandesgericht
(Behörde)

Geschäfts-Nr.: VII-17/95 (6/95 VS-Vertr.)
Bitte bei allen Schreiben angeben!

Düsseldorf, 20. Februar 1996
(Ort und Tag)

(Anschrift)                    (Fernruf u. Fernschreib-Nr.)

Cecilienallee 3, 4971-303

Frau
Johanna Olbrich
Breite Str. 6

16321 Bernau

Nachdem das gegen Sie ergangene Urteil des 7. Strafsenats
des Oberlandesgerichts Düsseldorf vom 16. Januar 1996

rechtskräftig geworden ist, teile ich Ihnen nochmals die Urteilsformel und den Auflagebeschluß mit

## Urteilsformel

Die Angeklagte wird wegen geheimdienstlicher Agententätigkeit zu einer Freiheitsstrafe von einem Jahr und neun Monaten verurteilt.

Die Vollstreckung der Strafe wird zur Bewährung ausgesetzt.

Die Angeklagte trägt die Kosten des Verfahrens einschließlich derjenigen der Revision, jedoch wird die Gebühr um ein Fünftel ermäßigt; die Staatskasse trägt ein Fünftel der notwendigen Auslagen der Angeklagten.
Angewendete Vorschrift: § 99 Abs. 1 StGB

## Auflagenbeschluß

1. Die Bewährungszeit dauert drei Jahre.
2. Die Angeklagte wird angewiesen, jeden Wohnungswechsel dem Gericht binnen einer Woche unter Angabe des Geschäftszeichens mitzuteilen.

Das Gericht hat in Sie das Vertrauen gesetzt, daß Sie in Zukunft ein gesetzmäßiges und geordnetes Leben führen werden. Es hat Ihnen deshalb Gelegenheit gegeben, sich durch gute Führung während der Bewährungszeit den Erlaß der festgesetzten Strafe zu verdienen.

Sie haben den Widerruf der Strafaussetzung zu erwarten, wenn Sie das in Sie gesetzte Vertrauen nicht rechtfertigen, insbesondere, wenn Sie eine weitere strafbare Handlung begehen oder den Bewährungsauflagen zuwiderhandeln. Es wird Ihnen aufgegeben, jeden Wechsel Ihres Aufhaltsortes während der Bewährungszeit dem Gericht zu der oben angegebenen Geschäftsnummer mitzuteilen.

Die Bewährungszeit läuft bis zum 16. Januar 1999

_Justizoberrekretär_

Vordruck 86   Belehrung über Strafaussetzung zur Bewährung
nach Rechtskraft des Urteils (§ 268 a StPO)
JVA Rheinbach   Preisklasse 12

*Schwarz auf weiß: Das Urteil vom 16. Januar 1996 und der Hinweis, dass die »Bewährungszeit« bis zum 16. Januar des letzten Jahres im 20. Jahrhundert andauern werde*

OBERLANDESGERICHT DÜSSELDORF

BESCHLUSS

VII-17/95 (6/95 VS-Vertr.)
3 StE 4/92-2 (3)
GBA Karlsruhe

In der Strafsache

g e g e n     Johanna Olbrich, geboren am 26. Oktober 1926
              in Lauban/Polen, wohnhaft Breite Str. 6,
              16321 Bernau,

w e g e n     geheimdienstlicher Agententätigkeit

hat der 7. Strafsenat des Oberlandesgerichts Düsseldorf durch
die Vorsitzende Richterin am Oberlandesgericht Neuhaus und
die Richter am Oberlandesgericht Kosche und Karlin in der
Sitzung vom 26. Januar 1999

b e s c h l o s s e n :

    Die durch Senatsurteil vom 16. Januar 1996 gegen die
    Verurteilte verhängte Freiheitsstrafe wird nach Ablauf
    der Bewährungszeit (17. Januar 1999) erlassen (§ 56 g
    Abs. 1 Satz 1 StGB).

*20. Februar 1999: Der 7. Strafsenat des Düsseldorfer Oberlandesgerichts beschließt, dass die am 16. Januar 1996 verhängte dreijährige Bewährungszeit abgelaufen und damit die »gegen die Verurteilte verhängte Freiheitsstrafe … erlassen« ist*

214

unbegründet‹ ab; ruck-zuck erließ die Bundesanwalt-schaft die ›Ladung zum Strafantritt‹; ratz-fatz schmetterte das OLG die Einwendungen von Rechtsanwalt Schwenn ab. Doch das Bundesverfassungsgericht stoppte die Strafjustiz zweimal durch Einstweilige Anordnungen und erklärte später einen Teil der Verfassungsbeschwerde für ›offensichtlich begründet‹.

Dergleichen schafft Verdruss, kommt aber der Gerechtigkeit bedeutend näher als das schneidige Auftreten der Selbstgerechten.«

Ein Nachspiel hatte das Ganze für mich doch noch. Im Dezember 1996 erhielt ich die Kostenrechnung für das Strafverfahren. Innerhalb von vier Wochen sollte ich 19.337,30 DM an die Staatskasse zahlen. Da mir die Summe sehr hoch erschien, verlangte ich einen Einzelnachweis. Wie ich schon vermutete: Der größte Posten waren die Auslagen der Ermittlungsbehörden. Allein fürs unergiebige Hinterherschnüffeln sollte ich rund 18.000 DM zahlen.

Dazu sah ich mich nicht in der Lage, denn auch die Kaution hatte ich mir schon leihen müssen und nach deren Rückgabe an den Spender zurückgegeben. Also vereinbarte ich eine Ratenzahlung über mehrere Jahre.

Insofern erfüllte sich auch bei mir die Aufforderung zur juristischen Delegitimierung, die der frühere BND-Chef und nunmehrige Bundesjustizminister Klaus Kinkel (FDP) im September 1991 auf dem Deutschen Richtertag erklärt und die ein Unionspolitiker anschließend in Wildbad Kreuth noch volkstümlicher und unmissverständlicher formuliert hatte: »Wir werden sie nicht in Lager sperren, das haben wir nicht nötig. Wir werden sie an den sozialen Rand drängen.« Denn viel blieb mir von meiner ohnehin schmalen Rente dann nicht mehr.

Am 26. Januar 1999 ließ mich das Oberlandesgericht Düsseldorf wissen, dass nach Ablauf der Bewährungszeit mir die verhängte Freiheitsstrafe erlassen worden ist. Nach fast acht Jahren fand damit das juristische Hornberger Schießen sein Ende. Ich konnte mich befreit meinen Interessen und zahlreichen treuen Freunden widmen.

Und ich begann Material für meine Erinnerungen zusammenzutragen.

*Seit 1999 ohne Verfolgung und gänzlich unbeschwert:*
*die Rentnerin Johanna Olbrich*

*Letzte gemeinsame Aufnahme mit Markus Wolf im
Winter 2003/04 im verschneiten Prenden*

# Rede bei Johanna Olbrichs Beisetzung in Bernau am 19. März 2004

*Von Markus Wolf*

Wir nehmen Abschied von einer wunderbaren Frau, einer Frau mit einem außergewöhnlichen Leben.

Liebe Traudel und Familie, liebe Elsbeth, die engste Freundin der letzten Jahrzehnte: Für euch war dieser unverhoffte Tod ein besonders schwerer Schlag, ist der Schmerz in dieser Stunde besonders groß. Ihr wisst aber wie alle, die wir Johanna gut kannten, dass sie sich uns in dieser Stunde zuallerletzt als Trauergemeinde vorgestellt hätte. Zu sehr war sie dem Leben zugewandt, war sie bis in ihre letzten Tage ein das Leben bejahender Mensch. Johanna war voller Liebe, sie liebte die Menschen. »Menschen sollten einfach Menschen sein« – das war der Leitspruch ihres Lebens. Auch als sie mit den Erfahrungen ihres außergewöhnlichen Lebens zur überzeugten Sozialistin geworden war, drückte dieser Leitspruch in seiner Einfachheit das Wesentliche ihrer Erkenntnisse, ihrer Erwartung an das Leben, an die Gesellschaft aus.

1926 in der Familie des Lokomotivführers Fritz Olbrich geboren, verließ Johanna nach Schulabschluss mit 14 Jahren ihre Familie mit dem festen Entschluss, Lehrerin zu werden. Hartnäckigkeit beim Anstreben vorgenommener Ziele, diese Eigenschaft zeichnete sie schon in jungen Jahren aus. Als sie noch im selben

Jahr Schülerin einer Lehrerbildungsanstalt in Oberschlesien wurde, war aber schon Krieg, Polen von der deutschen Wehrmacht besetzt.

Das Kriegsende war für Johanna mit einem Erlebnis verbunden, das für ihr ganzes weiteres Leben zum Schlüsselereignis werden sollte. Ende Januar 1945, als die Sowjetarmee nahte, ständig waren Luftangriffe, wurden die Schüler ihrem Schicksal überlassen. Beim Versuch, in die Heimatorte mitgenommen zu werden, erlebten sie auf der Chaussee eine lange Marschkolonne, in der KZ-Häftlinge aus Auschwitz von SS-Mannschaften unter unmenschlichen Bedingungen, in grimmiger Kälte, Eis und Schnee vorangetrieben wurden. Fassungslos sahen die Mädchen am Straßenrand die vielen erstarrten Toten, die im Straßengraben lagen. Dieses Erlebnis ließ Johanna ihr ganzes Leben nicht mehr los. Auch als sie ihren Richtern die Motive ihres Handelns in der Bundesrepublik in ihrer späteren Lebensphase zu erklären suchte, schilderte sie diese unvergessenen Bilder des Schreckens. Ihre Antwort auf diese Unmenschlichkeit auf Dauer lautete: »Menschen sollten einfach Menschen sein.«

Als sie das Kriegsende in die sowjetisch besetzte Zone Deutschlands verschlagen hatte, wollte sie weiter lernen, um Lehrerin zu werden. Die Umstände waren aber so außergewöhnlich, dass sie unverhofft im Eilverfahren ausgebildet und ohne Verzug in der Oberlausitz als »Neulehrerin« eingesetzt wurde. Vieles war außergewöhnlich in jenen Jahren. Die Ursachen, die zur Hitlerherrschaft und zum Krieg geführt hatten, sollten ein für allemal beseitigt werden.

Dazu gehörte, dass die Kinder in der Schule nicht mehr von mit der Naziideologie indoktrinierten Leh-

*Während des Abschieds in der Kapelle des Neuen Friedhofs in Bernau am Nachmittag des 19. März 2004. Rechts außen Johanna Olbrichs Schwester Gertraud Böhme, am linken Bildrand Andrea und Markus Wolf, der die Trauerrede hielt*

rern unterrichtet werden, also wurden Neulehrer gebraucht. Die Betriebe von Kriegsverbrechern und der Großkonzerne wurden zu Volkseigentum, auf dem Land besorgte die Bodenreform die Umgestaltung des Lebens. Johanna empfand jene Jahre, trotz Mangel und Not vielleicht die besten unseres Landes, als Aufschwung. Ihre Vorbilder waren Antifaschisten, die sich zeitlebens für andere aufopferten, für die alle privaten Bedürfnisse hinter »der Sache« zurücktraten. Wie die meisten ihrer hier anwesenden Altersgenossen lernte sie im Gehen das Laufen, wuchs mit den Jahren ihr sozialistisches Bewusstsein. Gewiss sah Johanna auch die Schattenseiten unserer Wirklichkeit, aber sie war von den antifaschistischen Grundlagen der Erneuerung fest überzeugt.

Als Lehrerin war sie an der Grundschule bald auch Schulleiterin, ihre Fähigkeiten erregten Aufmerksamkeit, so dass sie nach fünfjährigem Fernstudium 1960 an das Ministerium für Volksbildung nach Berlin berufen wurde. Auch dort wirkten nicht nur ihre Fähigkeiten, es war ihre Persönlichkeit, die ihr nach wenigen Jahren den Weg zu einer wissenschaftlichen Aspirantur öffnete. Sie hätte gewiss eine erfolgreiche pädagogische Laufbahn eingeschlagen, wenn nicht ihr Leben am Ende der ersten zwanzig Nachkriegsjahre eine neue Wendung genommen hätte.

Johanna wurde für einen geheimen Auftrag im Westen unseres Landes auserwählt. Sie meint dazu in ihren Erinnerungen, wieder einmal seien »die Weichen für sie gestellt« worden. Es war eine komplizierte Aufgabe. Diese forderte vor allem zunächst eine völlige Umstellung des gesamten Lebens, einen Neuanfang voller Ungewissheit, unvorhersehbarer Probleme, das Erlernen neuer beruflicher Fertigkeiten. Nach kurzer Bedenkzeit hatte sie zugestimmt.

*Abschied von Johanna Olbrich, deren Leben nach 77 Jahren in Bernau endete*

Im Rückblick erscheint diese neue Phase ihres Lebens als folgerichtig, als Konsequenz ihrer Gesinnung, dies für ihren Staat zu tun, an dessen Friedenspolitik sie fest glaubte. Im Westen erinnerte vieles an die Politik, die Deutschland im 20. Jahrhundert zweimal in die schlimmsten Kriege geführt hatte. Die Konfrontation im Kalten Krieg hatte ein Stadium erreicht, in vielen Teilen der Welt geschahen Verbrechen, die an das Jugenderlebnis erinnerten.

Wie Johanna diesen neuen Lebensabschnitt meisterte, kann nur mit Bewunderung berichtet werden. Zähigkeit, Fleiß, Umsicht, Einfühlungsvermögen sind nur einige der Eigenschaften, mit denen sie etwas schaffte, was nicht vielen vergönnt war: 1967 die Übersiedlung in die westdeutsche Bundesrepublik, die Eingewöhnung in dem völlig anders gearteten Land, der Weg in weniger als zehn Jahren von der Registraturkraft in einem kleinen Büro eines Versicherungsunternehmens bis zur Regierungsspitze in Bonn.

Nicht zuletzt dank der Ausstrahlung ihrer Persönlichkeit wurde Johanna unter dem Namen Sonja Lüneburg schließlich Vertraute eines der führenden Politiker der Bundesrepublik und so zu einer der wichtigsten Quellen unseres Wissens. Dies in einer Zeit, als Hochrüstung und Konfrontation die Gefahr jäher Überraschungen in sich barg, als aber auch die Verhandlungen der Regierungen die Chance der Entspannung eröffnen. Auf ihre Weise hat Johanna in nicht geringem Maße zum Erfolg der Bemühungen um die Erhaltung des Friedens in Europa beigetragen. Dafür gebührt ihr auch heute noch unsere Anerkennung.

Diese Leistung war mit nicht geringen Opfern verbunden. Der Auftrag bedeutete, praktisch immer allein auf sich gestellt zu sein. In gewisser Weise war Johanna auf sich selbst angewiesen, seit sie mit 14 das Elternhaus verließ. Das hat ihre Willenskraft geformt. Der Kundschafterdienst im Westen war aber doch etwas anderes. Abgesehen von der immensen Arbeitsintensität bei doppeltem Arbeitsvolumen mussten die persönlichen Interessen und Bindungen, die Verbindung zur Familie zurücktreten, konnten Freundschaften nur mit Vorbehalt entwickelt und aufgebaut werden. Diese Last musste Johanna auf sich nehmen, als ein unvorhergesehenes Vorkommnis über Nacht den Abbruch ihres Auftrags im Westen notwendig machte. Und dennoch hat Johanna die im Auftrag verbrachte Zeit im Westen im Rückblick nicht als Opfer empfunden.

Mit der Rückkehr in die DDR 1985 begannen die letzten zwei Dezennien ihres Lebens. Diese verbrachte sie hier in Bernau, wo sie die letzte Ruhe findet.

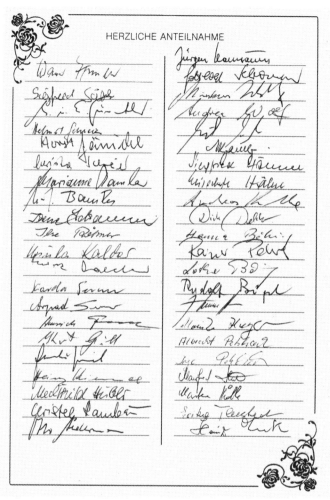

**HERZLICHE ANTEILNAHME**

In das Kondolenzbuch trugen sich politische Weggefährten ein, auf dieser Seite neben anderen der Vizechef der DDR-Auslandsaufklärung Generalleutnant a. D. Horst Jänicke (1923-2006); Generalmajor a. D. Siegfried Hähnel (1934-2010), letzter Chef der Berliner Bezirksverwaltung des MfS; Marianne und Hans-Joachim Bamler, erster Resident der HV A in Frankreich und dort in den 60er Jahren inhaftiert

*Danksagung der Schwester Gertraud Böhme*

Johanna lebte gern hier. Die Landschaft im Barnim
erinnerte sie an die Landschaft um Lauban in Niederschlesien, wo sie aufwuchs. »Im Barnim finden sich
Wälder, Heide, viele Teiche und Seen in einer hügeligen Landschaft, wie ich sie in meiner früheren Heimat
lieben lernte«, schreibt sie in ihren fast vollendeten

*Der neunzehnte Name auf der Tafel am anonymen*
*Urnenfeld auf dem Friedhof in Bernau*

Erinnerungen. Wie sehr Johanna mit der Natur verbunden war, die Bäume und Pflanzen, die Tiere liebte, davon konnten sich meine Frau und ich, auch unsere Katzen bei ihren Besuchen in Prenden immer wieder überzeugen. Sie hatte nicht die Anpassungs- und Eingewöhnungsschwierigkeiten wie andere, die nach Jahrzehnten in die DDR zurückkamen. Sie beteiligte sich am politischen und kulturellen Leben, als wäre sie nie zwei Jahrzehnte weggewesen. Die DDR war ihr Land geblieben.

Die Rückkehr öffnete die Möglichkeit, den Kontakt zur Familie wieder zu normalisieren. Regelmäßig reiste sie nach Polen oder holte die Schwester nach Bernau. Beim Besuch ihrer Neffen vergaß sie das Alter. Zwischenmenschliche Beziehungen und Gespräche besaßen für sie höchsten Stellenwert. Es war für sie eine wichtige Erfahrung, dass bei Bekanntwerden ihrer doppelten Identität, trotz Verhaftung und Diffamie-

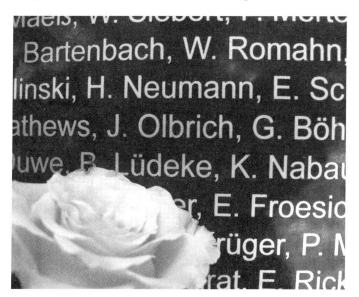

rung keine der Freundschaften Schaden nahm. Sie erzählte, wie aufwühlend für sie in der Haft die Briefe von Elsbeth gewesen sind, die eine gerade neu entstandene Freundschaft bewahrten. Nach Ende des Strafverfahrens war die Wiederaufnahme von Beziehungen zu den Bekannten im Westen, die sie unter anderem Namen kennenlernten, für sie wichtig. Dass dies problemlos geschah, empfand sie wohltuend, ebenso das Verhalten von Nachbarn, die ihr – unbeschadet der Bösartigkeit mancher Medienangriffe – weiterhin freundschaftlich begegneten.

Johanna wurde von den Ereignissen des Herbst 1989 bei einer Reise in China überrascht und war vom Ende der DDR genau so betroffen wie die meisten von uns. Die DDR war ihr Land in allen Phasen ihres Lebens, sie war es im Grunde genommen bis zuletzt. Als ich an meinem Buch »Freunde sterben nicht« fragte: »Haben wir umsonst gelebt?«, antwortete sie mir:

»Ich habe ein erfülltes Leben gehabt. Sicher bin ich traurig über die Fehler, die wir gemacht haben, und über die mit dem Untergang vertane Chance. Die Oberen glaubten nicht an die dem Unternehmen DDR innewohnende Kraft. Jede Initiative wurde eingeengt, und es wurde Misstrauen gesät statt den Menschen zu vertrauen. Und ich bin ferner traurig darüber, dass wir jetzt so machtlos sind, so wenig gegen Unrecht und drohende Gefahren ausrichten können.

Doch die DDR war in der Welt, und das Gute an ihr lässt sich nicht auslöschen. So wie die Bauernaufstände im Mittelalter trotz ihrer Niederlage reichliche Spuren hinterlassen haben, werden auch von unserem Wirken Spuren bleiben.

Es ist wie beim Anhören der 9. Symphonie von Beethoven: Ich empfinde gleichzeitig Wehmut und Glück.«

Ihr plötzlicher Tod passte zu ihr. Als Pflegefall, auf die Hilfe anderer angewiesen zu sein, war für Johanna nur schwer vorstellbar. Zu sehr bejahte sie das Leben als aktives Handeln. Bis in die letzten Tage arbeitete sie in der Bernauer PDS, unterstützte sie die Kundschaftergruppe in der Gesellschaft zur rechtlichen und humanitären Unterstützung e. V., hatte soeben die Teilnahme an einer Lesung aus einem Sammelband, in dem sie mit einem Beitrag vertreten ist, zugesagt …

Hanna wird uns fehlen. Sie fehlt uns heute schon.

# Andere über Hanna

Wolfgang und Anita betreuten Hanna nach ihrer Rückkehr aus der Bundesrepublik. Die gute Beziehung wurde nach der gemeinsamen China-Reise im Herbst 1989 und nach dem Ende der DDR noch enger. 1990 meldete sich Johanna in der Basisorganisation der PDS in Bernau an. Sie übernahm dort organisatorische Arbeiten und sicherte die Arbeitsfähigkeit des Büros. Sie war immer da, wenn sie gebraucht wurde, trat aber in Versammlungen und Diskussionen nie hervor. Sie wollte sich öffentlich nicht exponieren.

Udo, der manchmal bei der Betreuung aushalf, weiß zu berichten, dass sie gutes Essen und Trinken liebte, vor allem schätzte sie die italienische Küche. Solche Gerichte kochte sie auch oft selbst. Obgleich sie einerseits unabhängig bleiben mochte, hatte sie andererseits gern Freunde und Bekannte um sich.

Zu diesem immer größer werdenden Kreis gehörte auch Helga aus Oranienburg. Mit ihr ging Hanna in der näheren und weiteren Umgebung oft auf Entdeckungstour. Sie war neugierig auf Sehenswürdigkeiten und auf Menschen. Beide nahmen auch an den Sommerfesten in Franks und Ilses Garten teil.

Über ihre frühere Arbeit hat sie nie gesprochen. Und gegenüber jenen, die davon Kenntnis hatten, rühmte sie sich dieser Tätigkeit und ihrer Auszeichnungen nicht. Sie hatte den Vaterländischen Verdienstorden in allen drei Stufen, den Großen Stern der Völkerfreundschaft, jeweils in Gold, Silber und

Bronze den »Kampforden für Verdienste um Volk und Vaterland«, die »Verdienstmedaille der Nationalen Volksarmee«, die Medaille für treue Dienste sowie die Verdienstmedaille der DDR und eine Reihe anderer Ehrungen. Darüber verlor sie kein Wort.

Auch über die Prozesse berichtete sie wenig, aber sie litt merklich darunter. Das spürten alle, die sie kannten.

Mit Andrea und Markus Wolf war Hanna besonders eng befreundet. Sie weilte sehr oft auf ihrem Grundstück in Prenden. Hanna, sagte Andrea, war ein sehr positiv denkender Mensch. Sie war stark, immer nach vorn orientiert und voller Optimismus. »Mit ihr konnte man offen über die eigenen Sorgen reden.« Im Grünen habe sie sich sehr wohl gefühlt. »Im Wald kannst du alle deine Sorgen lassen«, meinte sie zu Andrea Wolf.

Hanna kam hervorragend mit den eigenwilligen Katzen der Wolfs zurecht. Ihnen zuliebe ließ sie, wenn sie allein auf dem Grundstück war, nachts sogar die

*Markus Wolf im Gespräch mit Johanna Wolf, 1987*

*Von rechts nach links: Katze, Johanna Olbrich und Andrea Wolf, Aufnahme Markus Wolf*

Tür offen, damit sie ungehindert herein- und hinauslaufen konnten. Sie hatte niemals Angst.

Auch mit den Nachbarn kam sie gut zurecht. Wo sie war, herrschte Fröhlichkeit. Es gibt ein Bild, wo sie mit Mischa und dem Nachbarn Jürgen Heyde die berühmte russische Ucha, eine Fischsuppe, kochte. So etwas bereitete ihr besonderes Vergnügen, da war bereits die Vorbereitung ein heiteres Fest.

Nur einmal sah man sie verzweifelt – als sie die Aufforderung erhielt, dass sie binnen weniger Tage die Haftstrafe in der JVA Luckau antreten sollte. Das hat sie sehr aufgewühlt.

Die Nachricht von ihrem plötzlichen Tod erreichte Andrea und Markus Wolf während einer Urlaubsreise in Afrika.

Am 13. Februar 2004 hatte sich die »China-Reisegruppe« mal wieder getroffen, Pläne wurden geschmiedet. Beiläufig erwähnte Hanna, dass sie in den nächsten Tagen zum Arzt müsse, sie habe Probleme mit dem Kreislauf oder mit dem Herzen. Dann ging man auseinander.

Am Morgen des 18. Februar, einem Mittwoch, sperrte ihre Freundin Ludmilla die Wohnungstür auf, nachdem ihr Klingeln ohne Reaktion geblieben war. Hanna lag leblos im Nachthemd auf dem Boden im Flur, vielleicht war sie auf dem Weg zum Bad oder zurück ins Schlafzimmer gestürzt. Die Wiederbelebungsversuche des eilig herbeitelefonierten Rettungsdienstes blieben erfolglos. Sie kamen um Stunden zu spät.

*»Liebe Großfamilie: Zusammen werden wir 290 Jahre alt«, hieß es in der Einladung nach Petershagen. Von links nach rechts: Herbert Willner (75), Erika Reißmann (70), Johanna Olbrich (75) und Frank Röhner (70); 15. September 2001*

# Gestorben

Johanna Olbrich, 78. Wie alle Agenten aus Honeckers Reich trug sie einen Decknamen – Sonja Lüneburg. Die angebliche Frisörin war studierte Lehrerin, und sie ließ sich 1966 in die Bundesrepublik einschleusen, weil sie – Marxistin und überzeugte Antifaschistin – ihrem Regime helfen wollte. Als Sekretärin arbeitete sie erst für den FDP-Bundestagsabgeordneten (und DDR-Spion) William Borm, später saß sie sogar im Vorzimmer des FDP-Wirtschaftsministers Martin Bangemann. Sie verriet nicht nur Parteiinterna, sondern auch politisch Brisantes – Details über die Vorbereitung der Ostverträge, das Transitabkommen oder den Grundlagenvertrag. Als Olbrich 1985 in Rom ihre Papiere verlor, wurde sie in die DDR zurückbeordert. Olbrich alias Lüneburg, 1996 rechtskräftig wegen Spionage zu 21 Monaten Haft verurteilt, arbeitete seit einiger Zeit an ihren Memoiren. Johanna Olbrich starb am 18. Februar in Bernau bei Berlin.

*Nachruf in:* Der Spiegel *9/2004, 21. Februar 2004*

# Wer war die echte Sonja L.?

»Quick« kommt aus dem Englischen und heißt »schnell«. *Quick* nannte sich auch eine Illustrierte, die 1948 in München, in der amerikanischen Besatzungszone, erstmals erschien. Der Name war Programm, und das war so wie die Herkunft des Titels und der Lizenzgeber. In den 60er Jahren übernahm der Hamburger Bauer-Verlag das Magazin, das inzwischen unter der Führung eines ehemaligen Chefredakteurs von der *Bild* eine Auflage von 1,7 Millionen erreicht hatte. Mit Sex-and-Crime und anderen Fast-Food-Themen machte man richtig Kasse.

Der neue Eigentümer wollte jedoch ein politisches Magazin aus der *Quick* formen und sich als Alternative zum vermeintlich linksliberalen *Stern*, ebenfalls 1948 gegründet, präsentieren. An dessen Spitze stand Henri Nannen. Wenngleich nicht unbedingt unbelastet über die Nazi-Jahre gekommen: er arbeitete u. a. in der Propagandakompanie der SS-Standarte Kurt Eggers, stand Nannen dem Antifaschisten Willy Brandt und seiner neuen Ostpolitik nahe. Der Stern stützte die Sozis, also schoss die *Quick* aus Profilierungsgründen auf die sozialliberale Koalition, auf die Ostverträge, auf Kanzler Brandt. Das bekam der Auflage nicht gut. Sie sackte stetig.

1990, bei Ausdehnung des Westens in den Osten, nahm man sich die DDR vor, fand aber dabei auch nicht die »richtige Linie«. Als im Enthüllungseifer die Delegitimierungs- und Denunziantenpostille etwa den

Schriftwechsel zwischen Alexander Schalck-Golodkowski und Erich Mielke druckte, aus dem die intensive und geradezu freundschaftliche Beziehung zwischen dem sogenannten DDR-Devisenbeschaffer und dem bayerischen Ministerpräsidenten ersichtlich wurde, gab es heftige Proteste aus der CSU.

Binnen zwei Jahren halbierten sich – trotz Osterweiterung – die Anzeigenerlöse der *Quick*, die gedruckte Auflage sank dramatisch, an den Kiosken der Republik wurden wöchentlich nur noch knapp 220.000 Exemplare verkauft. Daraufhin stellte unangekündigt und gleichsam über Nacht der Bauer-Verlag die *Quick* im August 1992 ein.

In der Krawall- und Stasi-Hysterie-Phase davor erschien in der *Quick* der Beitrag »Diese Frau hat mein Leben gestohlen«. Er kam vor der Verhaftung von Johanna Olbrich im Juni 1991 ins Heft, denn der mehrseitige Beitrag war mit einem Foto illustriert, das zwar Martin Bangemann und Johanna Olbrich zeigte, aber im Bildtext hieß es dazu: »Die falsche Sonja Lüneburg und ihr Chef Martin Bangemann, damals Bundeswirtschaftsminister. Keiner weiß, wer die Frau ist. Sie flüchtete in die DDR und ist heute vermutlich in der Sowjetunion.«

Das war natürlich marktschreierischer Unsinn: Selbstverständlich gab es Menschen, die wussten, wer »die Frau« ist. Und dass diese sich keineswegs in der Sowjetunion, wohl aber in Bernau aufhielt.

»Eine Frau wechselt von Deutschland West nach Deutschland Ost. Stasi-Leute nehmen ihr die Identität weg. Mit den Papieren geht eine Spionin nach Bonn. Die Frau mit dem echten Namen wird in eine Anstalt gesteckt«, trötete anklagend die Postille und stellte daneben ein Foto einer alten, sichtlich debilen Frau, die im Bildtext als »menschliches Wrack« bezeichnet wurde.

Erstmals wurde damit die richtige, nunmehr 66 Jahre alte Sonja Lüneburg ins Rampenlicht gezerrt. »Sie weiß bis heute nicht, dass der Stasi (*die Westjournalisten hatten sich damals offenbar noch nicht festgelegt, ob es »der« oder »die« Stasi heißen sollte – d. Hrsg.*) sie missbraucht und misshandelt hat.«

Für ihr »Unwissen« kann es doch nur zwei logische Erklärungen geben: Entweder weil Sonja Lüneburg nicht missbraucht und misshandelt wurde – oder weil inzwischen ihre psychische Erkrankung derart fortgeschritten war, dass sie sich an überhaupt nichts mehr erinnern konnte.

Letzteres war sehr wahrscheinlich, und diese Vermutung stützte selbst der Generalbundesanwalt. In der am 30. Juli 1992 von ihm ausgefertigten 92-seitigen Anklageschrift gegen Johanna Olbrich hieß es nämlich auf Seite 33: »Sonja Lydia Lüneburg, geborene Goesch, betrieb seit 1949 in Berlin-Wedding, Koloniestraße 5, einen Friseursalon, den sie Ende 1964 an einen Nachfolger übergab, nachdem sie Anfang jenes Jahres erstmals psychisch auffällig geworden war. In aufgelöstem Zustand hatte sie gegenüber der Polizei erklärt, sie fühle sich von Rauschgifthändlern verfolgt, und zugleich verlangt, dass man ihr Fahrgeld zum Besuch ihres Verlobten in Paris zur Verfügung stelle, der ihr, wie sie angab, ein Mittel verabreiche, das ihr Denkvermögen beeinträchtige.«

Der Bundesanwalt repetierte dann weiter, dass Sonja Lüneburg im September 1966 zu Verwandten in die DDR übergesiedelt sei. »Im Oktober 1968 erfolgte ihre Einweisung in die Psychiatrische Klinik in Berlin-Buch, wo die behandelnden Ärzte eine paranoide Schizophrenie diagnostizierten. Nach ihrer Entlassung im November 1974 (ein zweites Mal war sie von August 1975 bis April 1976 in stationärer Behandlung) wurde sie bis zur politischen Wende in der DDR von einem als ›Angehörigen der Volkssolidarität‹ auftretenden hauptamtlichen Mitarbeiter der HV A II betreut. Seit 1983 lebt Frau Lüneburg, geistig verwirrt (sie sieht sich als ›Gräfin‹ oder auch als ›Kaiserin Sonja‹), in einem Altenheim in Berlin-Pankow.«

Dort hatte sie die *Quick* gefunden und rühmte sich selbst: »Die schreckliche Geschichte wäre nie an die Öffentlichkeit gelangt, wenn nicht die Schwester von Sonja Lüneburg nach der Flucht der Bangemann-Sekretärin 1986 in der *Quick* einen Bericht über die Spionin gelesen hätte. Seitdem wusste sie, wozu die Identität der echten Sonja Lüneburg gebraucht worden war. Aus Angst (*wovor? – d. Hrsg.*) sprach die Schwester mit niemandem, erst jetzt offenbarte sie sich *Quick*-Reportern und ermöglichte ein Zusammentreffen mit Sonja Lüneburg.«

Die verwirrte Frau wurde in diesem Beitrag vorgeführt und insofern nun tatsächlich missbraucht, als man sie zum Opfer finsterer Mächte machte. Die Journalisten benutzten sie, um *der, die* oder *das* Stasi zu kriminalisieren.

»Der Gang ist schleppend, das Gesicht greisenhaft, obwohl sie erst 66 Jahre alt ist. Langsam, die schwarze Handtasche elegant an den Arm gehängt, schlurft die Frau durch den ungepflegten Garten des Pankower Altenheims in Ost-Berlin, Johannes-R.-Becher-Straße 3. Die Frau setzt sich auf den Stuhl, steckt sich die nächste Zigarette an, DDR-Billigmarke ›Cabinett‹. Mindestens drei Schachteln raucht sie am Tag. Und starrt immer wieder ins Leere.

Körperlich und geistig wurde sie von Erich Mielkes Staatssicherheitsdienst zerstört – weil der Stasi für eine seiner Spioninnen den Personalausweis von Sonja Lüneburg für eine falsche Identität brauchte.«

Diesen Unsinn kolportierte übrigens zwei Jahre später der *Focus* 23/1993, als Johanna Olbrich als Zeugin im Prozess gegen Markus Wolf auftrat. »Die Stasi wies sie in die Psychiatrische Klinik in Berlin-Buch ein. Mit Spritzen, Tabletten und Elektroschocks verpfuschte man Sonja Lüneburg zum Psycho-Wrack. Heute lebt sie als Pflegefall im Seniorenheim in der Wilhelm-Kuhr-Straße, verwirrt und kaum ansprechbar. Nur die ›Cabinet‹-Zigaretten, die sie in Kette raucht, scheinen ihr Halt zu geben.«

So klaut ein investigativer Journalist beim anderen. Zumindest wurde diesmal die Zigarettenmarke korrekt geschrieben und nicht wiederholt, dass es sich um eine »DDR-Billigmarke« handelte: Die gehörte nämlich schon damals, als die *Quick* das verlogene Rührstück in die Welt setzte, Reemtsma in Niedersachsen.

Dessen ungeachtet: Das Schicksal von Sonja Lüneburg war tragisch. Aber nicht wegen des MfS und der Aufklärung, sondern weil sie krank und verlassen war. Um sie kümmerte sich weder die Mutter in der DDR noch die Schwester, die sich ihrer offensichtlich erst erinnerte, als sie damit Kasse machen konnte. Dies weiß man bis 1990 ziemlich verlässlich. Denn der Mann von der Volkssolidarität, der in der Anklageschrift zutreffend als hauptamtlicher Mitarbeiter der Aufklärung genannt wurde, kümmerte sich als Einziger um Sonja Lüneburg. Und zwar bis zur Auflösung des Dienstes. Nie kam bei Sonja Lüneburg ein Verwandter zu Besuch.

Nun kann man einwerfen, dass ihre Betreuung nicht ganz uneigennützig erfolgte: So hatte man Sonja Lüneburg unter Kontrolle. Aber hätte man sich den

*Bildtext in* Focus *23/1993: »Johanna Olbrich (l.) schickte die Stasi als Sonja Lüneburg nach Bonn, die Friseuse Sonja Lüneburg (r.) in die Psychiatrie«*

Aufpasser nicht ab 1985 sparen können, als nämlich Johanna Olbrich in die DDR zurückgekehrt war?

Sonja Lüneburg wurde am 22. September 1966 im Aufnahmelager in Berlin-Weißensee registriert. Wie in Westberlin – dort wurden DDR-Übersiedler in Marienfelde aufgenommen, selbst prominente Ausreiser wie Manfred Krug wurden dort durchgeschleust – kamen hier Menschen für eine gewisse Zeit unter, die den umgekehrten Weg gingen. Und da wie dort interessierten sich zunächst die Geheimdienste für die Motive, weshalb einer oder eine die Fronten gewechselt hatte und was sie oder er aus seinem früheren Leben zu berichten wusste.

So wurde die Auslandsaufklärung der DDR auf die alleinstehende Frau Lüneburg aufmerksam.

Seit dem Mauerbau war es nicht nur für die westlichen Geheimdienste schwerer geworden, Agenten in die DDR einzuschleusen. Auch der östliche Dienst stand vor dem gleichen Problem. So war man schließlich auf die Idee gekommen, sich die Identität von Westberlinern und Bundesbürgern zu leihen, die irgendwann im Ausland verschwunden waren. Die Biografien dieser Personen, soweit sie in der Bundesrepublik nachprüfbar waren, lieferten die Legende für die unter diesem Namen eingeschleusten DDR-Agenten. Dabei mussten mindestens das Alter und das Aussehen annähernd übereinstimmen.

Johanna hat in ihren Erinnerungen den Wechsel in die Identität von Sonja Lüneburg anschaulich geschildert. Das geschah in jener Zeit sehr oft, bis man im Westen hinter diese Methode kam. Mitte der 70er Jahre, nach dem Auffliegen von Günter Guillaume, überprüften die Abwehrorgane der Bundesrepublik in der Aktion »Anmeldung« unzählige Personen, die – wie Johanna Olbrich – als Bundesbürger nach einem Auslandsaufenthalt in die Heimat zurückgekehrt waren und sich bei den entsprechenden Bundesbehörden angemeldet hatten. Die Auslandsaufklärung der DDR zog daraufhin Dutzende von Kundschaftern aus Sicherheitsgründen zurück.

Für die echte Sonja Lüneburg war im Aufnahmelager ein Betreuer »von der Volkssolidarität« abgestellt worden, er kümmerte sich faktisch fast ein Vierteljahrhundert um die mehr oder minder unselbständige Frau. Er (bzw. der Dienst, der hinter im stand) besorgte ihr eine Wohnung, in der sie zwischen ihren Klinikaufenthalten lebte. Er veranlasste, dass sie eine Rente bekam, weil sie arbeitsunfähig war. Er brachte sie zum Arzt, wenn die Schizophrenie in Schüben über sie kam. Dazu trieb ihn, noch einmal, kein Altruismus. Der Nachrichtendienst handelte nicht aus sozialistischer oder christlicher Nächstenliebe, alles war Kalkül.

Nur eins tat er nicht: Er stahl weder dieser Frau das Leben, noch brachte er sie vorsätzlich um den Verstand. Sonja Lüneburg wäre auch ohne Existenz der DDR und des MfS in geistiger Umnachtung von dieser Erde gegangen.

Sie verstarb 1996.

# Vernehmung im BKA in Meckenheim im Juli 1991

*Am 11. Juli 1991 erfolgte die Beschuldigtenverneh-*
*mung von Johanna Olbrich in den Diensträumen des*
*Bundeskriminalamtes, wie es im Protokoll mit der*
*Nr. ST 22-050052/85, GBA: 6 BJs 62/85-2 heißt.*
*Am Ende des 34-seitigen Papiers finden sich neben der*
*Unterschrift von Johanna Olbrich (»Selbst gelesen,*
*genehmigt und unterschrieben«) das Signum von Kri-*
*minalhauptkommissar Walterschen und der Beamten-*
*anwärterin Kaschel.*

Zur Sache:
Vor Beginn der Vernehmung wurde Frau OLBRICH
nochmals darauf hingewiesen, dass sie verdächtigt
wird, unter den Falschpersonalien Sonja LÜNE-
BURG von 1967 bis 1985 für das ehemalige MfS der
DDR in Bonn, Brüssel und anderen Orten geheim-
dienstlich tätig gewesen zu sein. Aufgrund dessen habe
die Bundesanwaltschaft in Karlsruhe gegen sie ein
Ermittlungsverfahren wegen des Verdachts des Landesverrats gemäß § 94 eingeleitet und das Bundeskri-
minalamt mit den notwendigen Ermittlungen beauf-
tragt.

Die Beschuldigte erhielt nochmals Gelegenheit,
den gegen alias Sonja LÜNEBURG ausgestellten
Haftbefehl durchzulesen. Sie wurde erneut auf das ihr
gemäß § 136 StPO zustehende Recht, als Beschuldigte
die Aussage zu verweigern, hingewiesen.

Ihr Rechtsanwalt, Herr Hubert DREYLING, Berlin, erhielt die Gelegenheit, vor der Vernehmung mit seiner Mandantin zu sprechen. Darüber hinaus wird seiner Bitte entsprochen, bei der Vernehmung anwesend sein zu dürfen.

Frau OLBRICH erklärte auf Frage, nach dem Gespräch mit ihrem Rechtsanwalt sei sie nunmehr bereit, zu dem gegen sie erhobenen Tatvorwurf Angaben zu machen.

Frage:
Frau OLBRICH, wie bereits vorerwähnt, erhielten Sie Gelegenheit, nochmals in den gegen alias LÜNEBURG ausgestellten Haftbefehl zu sehen.

Frau OLBRICH, sind Sie identisch mit der Ihnen gezeigten Person bzw. haben Sie unter den Personalien Sonja LÜNEBURG von 1967 bis 1985 in der Bundesrepublik gelebt?

Antwort:
Ja.

1. Kontaktaufnahme durch MfS, Einschleusung, Legalisierung und weitere Verwendung in der Bundesrepublik

Im Jahre 1964 war ich als Hauptreferentin für Deutsche Sprache, Literatur, Englisch, Französisch, Latein und Griechisch an dem Ministerium für Volksbildung in Berlin (DDR) tätig.

Zu diesem Zeitpunkt wurde ich von der Parteiorganisation des Ministeriums für Volksbildung zu einem Einjahreslehrgang an die Bezirksparteischule

Berlin delegiert. In dieser Zeit wurde ich von einem Mitarbeiter des Ministeriums für Staatssicherheit angesprochen, ob ich für sie außerhalb der DDR arbeiten wolle. Ich sagte zu.

Der Mann stellte sich mir gegenüber mit dem Namen HANS vor.

Der Mann stellte sich mir gegenüber als Mitarbeiter des Ministeriums für Staatssicherheit vor.

Er äußerte keine konkreten Vorstellungen meiner beabsichtigten Verwendung innerhalb des Geheimdienstes. [...]

In der darauffolgenden Zeit wurde ich von HANS für Zwecke von Probeaufträgen nach Westberlin, nach Wien (auf der Hinreise mit dem Zug durch die Bun-

desrepublik) geschickt, um dort Objekte abzuklären. Für diese Reisen erhielt ich Falschpapiere, die ich nach Rückkehr jeweils wieder zurückgab.

Diese sogenannten Probeaufträge beliefen sich auf einen Zeitraum von ca. einem Dreivierteljahr. Im Anschluss daran wurde ich hinsichtlich der Handhabung verschiedener nachrichtendienstlicher Hilfsmittel (Funkverkehr, Ver- und Entschlüsseln, Behandlung bzw. Benutzung von Containern) unterwiesen. […]

Frage:
Mit welchen persönlichen Unterlagen (Zeugnisse, Geburtsurkunde u. ä.) wurden Sie vor Ihrer Einschleusung in die Bundesrepublik von Ihrer Führungsstelle ausgestattet?

Antwort:
Soweit mir erinnerlich, hatte ich während der Einschleusungsphase außer dem behelfsmäßigen Westberliner Ausweis keine anderen Unterlagen bzw. Dokumente dabei. Wie ich zur Geburtsurkunde gekommen bin, weiß ich nicht mehr. Ich weiß jedoch, dass ich eine auf Sonja LÜNEBURG ausgestellte Geburtsurkunde zur Verfügung hatte. Das Abschlusszeugnis (Abiturzeugnis) der Lietzensee-Schule in Berlin habe ich zu einem mir nicht mehr erinnerlichen Zeitpunkt von meiner Führungsstelle ausgehändigt bekommen. Es müsste aber spätestens 1969 gewesen sein.

Ich erinnere mich noch, dass ich während meiner Zeit in Offenbach vom Amtsgericht Berlin-Wedding einen Koffer mit persönlichen Unterlagen der Sonja LÜNEBURG (Geschäftsunterlagen des Friseurge-

schäfts, Fotoaufnahmen, Zeugnis über einen Friseur-
meisterlehrgang, Sozialversicherungskarte eines italienischen Staatsbürgers) übersandt bekam.

Darüber hinaus war ich im Besitz des Scheidungs-
urteils der Sonja LÜNEBURG.

Frage:
Frau OLBRICH, hatten Sie im Rahmen Ihrer weiteren Verwendung in der Bundesrepublik zu einem späteren Zeitpunkt analog Ihrer Aufgabe in Hamburg
(Betreuung eines potentiellen Agenten) nochmals eine
solche Aufgabe wahrzunehmen?

Antwort:
Nein

[...]

## 3. Nachrichtendienstliche Ansprechpartner (Füh-rungsoffiziere, Instrukteure, Kuriere) und nachrichten-dienstliche Treffs

Frage:
Frau OLBRICH, zu welchen nachrichtendienstlichen
Ansprechpartnern hatten Sie im Laufe der Jahre (vor
und nach der Einschleusung) Kontakt?

Wie häufig haben Sie sich mit diesen Personen wo
getroffen und welchem Zweck dienten diese Treffs?

Antwort:
Ich möchte grundsätzlich zu Personen, die mir im
Zusammenhang mit meiner nachrichtendienstlichen
Arbeit als haupt- oder nebenamtliche Mitarbeiter des

DDR-Geheimdienstes begegnet sind, keine Angaben machen. Dies möchte ich aus Gründen der Selbstachtung nicht.

Im Laufe meiner ab 1964 beginnenden Betätigung für das MfS bis zum Ende meiner Betätigung im Jahre 1985 habe ich meiner Erinnerung zufolge mehr als 20 nachrichtendienstliche Mitarbeiter kennengelernt.

[...]

Frage:
Frau OLBRICH, Ihnen werden Lichtbilder von vier männlichen Personen vorgelegt, die unseren Erkenntnissen zufolge mit Ihnen in nachrichtendienstlicher Hinsicht Kontakt hatten. Kennen Sie diese Personen und können Sie deren Arbeitsnamen benennen?

Antwort:
Ich möchte zu Personen, die mir in nachrichtendienstlicher Hinsicht bekannt geworden sind, keine Angaben machen.

[...]

Frage:
Haben Sie jemals aus eigenem Antrieb eine berufliche Position, die Ihrer Meinung nach für das MfS von Interesse sein könnte, zielgerichtet angestrebt bzw. erreicht?

Antwort:
Grundsätzlich möchte ich dazu sagen, dass ich nie vorhatte, die Beschäftigung bzw. Tätigkeit im Bereich der

FDP zu verlassen und mich beruflich zu verändern. Weiterhin möchte ich klarstellen, dass ich meine Tätigkeit nicht nur im engeren Sinne für das MfS ausübte, sondern für mein Land, die DDR. Natürlich habe ich versucht, bei den sich zwingend ergebenden Änderungen (Ausscheiden William BORMS, Tod Karl-Hermann FLACHS und Rücktritt Martin BANGEMANNS) die Möglichkeiten, um an relevantere Erkenntnisse zu gelangen und diese auszubauen, zu nutzen.

Meine diesbezüglichen Entscheidungen entsprachen nicht immer den Vorstellungen der Zentrale, wurden letztlich toleriert und akzeptiert.

Auf den Versuch der Zentrale, mich zu veranlassen, in die FDP-Fraktion hineinzukommen, möchte ich in diesem Zusammenhang verweisen.

Natürlich habe ich während meiner Tätigkeit in der Bundesrepublik für zwei Staaten gearbeitet. Für mich stand zu keinem Zeitpunkt außer Zweifel, dass die Arbeit für die DDR den absoluten Vorrang hatte. Deshalb bemühte ich mich auch nach Kräften, meine Arbeit in der FDP so zu verrichten, dass ich meine Auftraggeber mit den bestmöglichen Ergebnissen versorgen konnte.

Hierbei legte ich auch Wert darauf, Feststellungen zu treffen, wo sich möglicherweise Ansätze hinsichtlich einer Annäherung (Mehrheitsfähigkeit von be–stimmten Vorstellungen, Gesprächsbereitschaft von bestimmten Abgeordneten der FDP im Zusammenhang mit der Modernisierung der Deutschlandpolitik) ergeben könnten.

Diese Aspekte wurden von mir damals – Ende der 60er, Anfang der 70er Jahre – im Zusammenhang mit

dem bevorstehenden Abschluss des Grundlagenver-
trages und den im Gang befindlichen KSZE-Ver-
handlungen gesehen.

[…]

<u>Frage:</u>
Frau OLBRICH, aus Ihrem beruflichen Werdegang
in der Bundesrepublik ist zu ersehen, dass Sie einen

*Johanna Olbrich in der Vernehmung: »Ich war mir
der Gefährlichkeit des Auftrages bewusst.«*

stetigen Aufstieg auf der Karriereleiter bis hin zu der Vertrauensstellung beim späteren Wirtschaftsminister BANGEMANN zu verzeichnen hatten. Entsprach dies Ihren Bemühungen und inwieweit wurde die Vertrauensstellung bei BANGEMANN zielgerichtet angestrebt?

Antwort:
Wie bereits ausgesagt, habe ich bei einigen Änderungen innerhalb der FDP die sich daraus ergebenden Möglichkeiten genutzt und mir angebotene Positionen besetzt.

Was meine Zusammenarbeit mir Martin BANGEMANN betrifft, ist zu sagen, dass ich damals als Sekretärin des Generalsekretärs zur Verfügung stand und von ihm übernommen wurde. Da ich keinerlei Grund hatte, die Zusammenarbeit mit ihm zu kündigen, habe ich ihm auch in der Folgezeit bei seinen jeweiligen politischen Stationen als Mitarbeiterin zur Verfügung gestanden.

Hinzu kam, dass ich im Laufe der Jahre einen guten Kontakt zu Herrn BANGEMANN, seiner Frau und seinen Kindern bekam. Da er ein Mensch ist, der seine Mitarbeiter nicht ohne Weiteres fallen lässt und seine Fürsorgepflicht sehr ernst nimmt, bestand auch kein Grund, das Arbeitsverhältnis zu kündigen. Ich kann mit Bestimmtheit sagen, dass ich mich hinsichtlich einer Weiterverwendung bei BANGEMANN zu keiner Zeit stark gemacht habe.

Frage:
Frau OLBRICH, aus welchem Beweggrund haben Sie sich 1964 dem MfS gegenüber für die doch nicht

ungefährliche nachrichtendienstliche Tätigkeit (Einschleusung unter Falschidentität und Tätigwerden in der Bundesrepublik) bereiterklärt?

Antwort:
Aufgrund von Erlebnissen nach dem Ende des Zweiten Weltkrieges hatte ich mich entschlossen, möglichst alles zu tun, nie wieder ein solches Unglück über uns hereinbrechen zu lassen. Als Lehrer habe ich versucht, meinen Schülern ähnliche Haltungen anzuerziehen. In der DDR sah ich eine Alternative für die Verwirklichung einer solchen Politik bzw. solcher Ideen. Als ich nun gefordert wurde, für diesen Staat etwas zu tun und das zu verwirklichen, was ich meine Schüler gelehrt hatte, entzog ich mich nicht.

Hinzu kam, dass ich der Meinung war, dass Menschen wie ich, die allein und unabhängig leben und das Vertrauen dieses Staates genossen, für eine solche Aufgabe prädestiniert seien.

Ich war mir der Gefährlichkeit des Auftrages bewusst.

ISBN 978-3-360-01849-6

© 2013 edition ost im Verlag Das Neue Berlin, Berlin
Umschlaggestaltung: Buchgut, Berlin,
unter Verwendung eines Fotos von Johanna Olbrich von 1986
Fotos: Archiv Ebert 17, 29, 36, 37, 105, 115, 155, 164, 168, 170, 174, 175,
176, 178, 181, 192, 195, 198, 198, 208, 210, 212, 213, 214, 217, 218,
219, 220, 223, 224, 225, 227, 228, 229, 233, 234, 235, 242, 247, 252;
Archiv edition ost 24, 38, 46, 48, 61, 71, 83, 91, 108, 119, 120, 123, 126,
133, 144, 151;
Robert Allertz 156, 163, 167, 173
Druck und Bindung: Prosystem, Polen

Ein Verlagsverzeichnis schicken wir Ihnen gern:
Das Neue Berlin Verlagsgesellschaft mbH
Neue Grünstr. 18, 10179 Berlin
Tel. 01805/30 99 99
(0,14 Euro/Min., Mobil max. 0,42 Euro/Min.)

Die Bücher der edition ost und des Verlags Das Neue Berlin
erscheinen in der Eulenspiegel Verlagsgruppe.

*www.edition-ost.de*